중국인 학습자를 위한
한국어 보조용언의 교육 연구

저 자 약 력

┃최 영

현) 수원대학교 중어중문학과 교수
전) 연변과학기술대학 한국어과 교수

인하대학교 국어교육과 박사
연세대학교 국어국문학과 석사
중국 연변대학 한국어과 학사

중국인 학습자를 위한
한국어 보조용언의 교육 연구

초 판 인 쇄	2017년 10월 12일
초 판 발 행	2017년 10월 17일
저 자	최 영
발 행 인	윤석현
발 행 처	도서출판 박문사
책 임 편 집	최인노
등 록 번 호	제2009-11호
우 편 주 소	서울시 도봉구 우이천로 353 성주빌딩 3층
대 표 전 화	02) 992 / 3253
전 송	02) 991 / 1285
홈 페 이 지	http://jnc.jncbms.co.kr
전 자 우 편	bakmunsa@hanmail.net
책 글 자 수	143,608자

ⓒ 최영, 2017. Printed in KOREA

ISBN 979-11-87425-49-6   93700   정가 19,000원

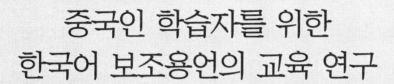

중국인 학습자를 위한
한국어 보조용언의 교육 연구

최 영저

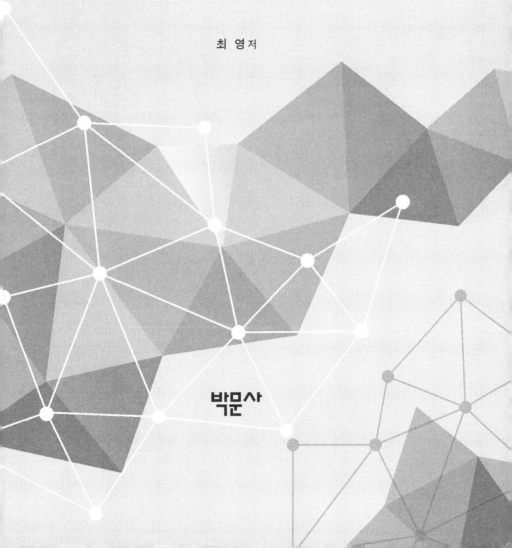

박문사

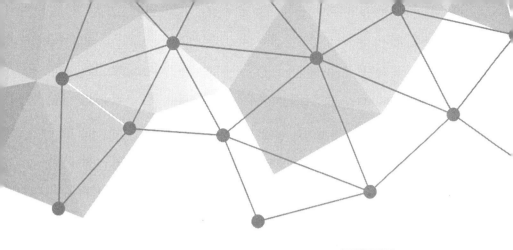

머리말

한국어의 보조용언은 용언 뒤에 기대어 쓰이며 상적 의미나 화자 또는 주체의 심리적 태도 등의 미세한 의미 차이를 나타낸다. 중국인 학습자가 한국인과 원활한 의사소통을 하려면 보조용언에 대한 정확하고 깊은 이해가 필요하다. 그러나 중국어에서는 보조용언이라는 개념이 없어 보조용언에 대한 직관이 없는 중국인 학습자들은 보조용언에 내포되어 있는 미세한 상적 의미와 양태적 의미를 이해하고 습득하는 데 많은 어려움을 겪게 된다. 본서는 이러한 어려움을 해결하기 위한 방법과 내용을 요약하여 제시하면 다음과 같다.

제2장에서는 한국어 보조용언의 개념과 특성을 살펴보고 선행연구자들이 제시한 보조용언 목록을 토대로 보조용언의 기본적인 문법적 특성을 판별기준으로 삼아 본서의 보조용언 목록을 다시 선정하였다. 각 보조용언의 의미에 따라 총 20가지로 분류하고 50개의 보조용언이 들어 있는 목록을 다시 만들었다.

제3장에서는 2장에서 선정한 한국어 보조용언을 의미 기능별로 제시하면서 중국어와 대응되는 표현을 고찰하였다. 그리고 이에 대응되는 중국어 표현들이 각각 어떤 문법범주에 속하는지 살펴보고 한국어의 보조용언이 중국어와 어떤 대응관계를 가지고 있는지 검토하였다. 뿐만 아니라 중국어와 대응관계를 이루지 않는 보조용언의 상적 의미와 양태적 의미도 분석·고찰하였으며 한국어의 보조용언과 대응되는 중국어 표현의 상적 대조를 통해 선행용언의 제약에 관한 차이점을 밝혔다.

　제4장에서는 두 가지 조사를 통해 중국인 학습자들의 보조용언의 사용양상과 습득양상을 고찰하였다. 우선 중국 현지 한국어 고급학습자와 한국에서 유학중인 한국어 고급학습자를 두 부류로 나눈 뒤 그들의 작문 자료를 대상으로 보조용언의 사용빈도를 조사 분석함으로써 가장 많이 사용하는 보조용언과 사용하지 않은 보조용언이 무엇인지 밝혔다. 또한 그 양상이 보조용언과 중국어의 대응관계에 있어서 어떤 관련성이 있는지도 밝혔다. 두 번째 조사는 보조용언의 상적 의미와 양태적 의미, 그리고 선행용언의 제약에 따라 문항을 출제하고 설문지를 만들어서 중국인 학습자들의 보조용언 습득양상을 고찰하였다.

　제5장에서는 3장과 4장의 분석 결과를 토대로 보조용언을 효율적으로 학습하기 위한 교육 방안의 설계로 교육 모형을 모색하였다. 최근 한국어 교육 현장에서는 학습자들의 정확성과 유창성을 요구하고 있는데, 이는 보조용언의 이해 능력과 사용 능력을 모두 높여야 성취할 수 있다. 분석 결과에 따라 이해 측면을 강조해야 하는 보

조용언이 있고, 사용 측면을 더욱 강조해야 하는 보조용언들도 있다. 이에 본서는 이해 측면과 사용 측면을 모두 고려하여 이해 능력과 사용 능력을 함께 신장시키는 교수법을 마련하여 보조용언을 학습하는 수업 모형을 만들었다.

본서는 중국인 학습자를 대상으로 한국어 보조용언 교육에 관한 연구로서 우선 한국어와 중국어의 보조용언 대응관계를 체계적으로 정리하여 통사적 대조와 상적 대조를 통해 그 차이점을 발견한 데 의의가 있다고 본다. 또한 학습자들의 보조용언 사용 실태 조사를 통해 중국인 학습자들의 보조용언 사용 능력과 습득 능력을 측정한 것도 본 논문의 특색이라고 생각한다. 그리고 연구 결과를 바탕으로 보조용언의 교육 방향을 세우고 교육 방안을 설계하였지만 거시적인 틀에 한정함으로써 각각의 개별적인 보조용언의 수업의 실제를 제시하지 못한 것은 추후 과제로 남긴다.

차례

제1장

서론

중국인 학습자를 위한
한국어 보조용언의 교육 연구

01

연구 목적 및 필요성

한국어에서 용언의 자립성 유무에 따라 본용언과 보조용언으로 나눌 수 있다. 여기서 본용언은 실질적인 의미 및 자립성을 가지는 반면, 보조용언은 문장에서 자립할 수 없고 선행용언을 도와주면서 화자 및 주체의 심리적 태도나 미세한 의미 차이를 나타내는 역할을 한다. 그러므로 중국인 학습자가 한국인과 좀 더 원활한 의사소통을 하기 위해서는 보조용언에 대한 깊이 있는 이해가 필요하다. 그러나 실제로 중국인 학습자들이 한국어로 대화하거나 작문할 때를 보면 한국인들이 흔히 사용하는 보조용언들을 많이 사용하지 않으며 사용하더라도 오류가 많이 발생한다. 필자 또한 한국어 전공자이며 한국어를 오래 학습하였음에도 불구하고 한국인과 대화할 때 보조용언을 회피할 때가 많았다. 이에 중국인 학습자들이 과연 보조용언을 제대로 이해하고 습득하는가에 대한 문제의식을 가지게 되었고, 한국어를 구사할 경우에 보조용언을 보다 정확히 사용하는 데 본 연구의 목적이 있다.

　　보조용언에 내포되는 핵심적인 의미를 상적 의미나 양태적 의미이며, 보조용언을 통해 표현되는 이러한 상적 의미나 화자의 심리적인 태도는 외국인 학습자들이 학습하는 데 많은 어려움이 따를 것이다. 특히 중국어에는 보조용언이라는 개념이 없어 한국어의 보조용언과 정확히 대응되는 중국어 표현의 문법범주가 다양할 것으로 판단된다. 이로 인해 한국어 보조용언에 대해 직관이 없는 중국인 학습자들은 그 부분을 학습하는 데 분명히 큰 어려움을 가지게 될 것이다. 더욱이 중국인 학습자들은 보조용언의 의미에 대해 명확하게 이해하지 못하므로 보조용언을 오용하거나 회피하여 아예 사용하지 않게 되면 세미한 감정표현이나 정확한 의미 전달이 어려울 수 있다. 이 때문에 보조용언에 대한 교육을 소홀히 할 수 없으며 올바른 교육 방향 과 효율적인 교육 방안을 마련해야 한다고 본다.

　　지금까지 국어학 분야에선 보조용언에 대한 연구가 많이 이루어졌지만 이를 교육적으로 접근하려는 보조용언의 교육에 관한 연구는 많이 부족한 상황이다. 특히 중국인 학습자를 위한 보조용언의 교육 연구는 아주 미흡하므로 본서는 이런 상황을 고려하여 중국인 학습자를 위한 보조용언 교육에 대한 필요성을 갖게 되었다. 따라서 중국인 학습자를 위한 올바르고 효율적인 교육 방안을 마련하는 것이 본서의 최종 목적이므로 크게 세 가지 방면의 문제를 집중적으로 탐구한 후 그 연구 결과를 토대로 교육 방향과 학습 모형을 설계함으로써 수업의 실제를 보일 것이다. 이에 세 가지 연구 과제를 제시하면 아래와 같다.

　　첫 번째, 한국어의 보조용언과 이에 대응되는 중국어 표현의 대조

연구를 통해 문법범주의 대응관계를 고찰할 것이다.

두 번째, 보조용언의 사용양상을 고찰하고 그 결과에서 어떤 보조용언들이 많이 사용되고 사용되지 않는지를 찾아내어 그 이유를 제시할 것이다.

세 번째, 보조용언의 습득양상을 고찰하고 그 결과에서 어떤 보조용언이 쉽게 습득되고 어렵게 습득되는지를 발견하고 그 이유를 연구할 것이다.

02
연구사

 본 연구는 중국인 한국어 학습자를 대상으로 보조용언 교육 방안을 제시하는 데 초점을 두고 있다. 따라서 선행연구 내용을 두 부분으로 나누어 살펴보고자 한다. 먼저 보조용언에 관한 국어학 분야의 연구들을 살펴보고, 그 다음에 보조용언 교육에 관한 연구들을 살펴보겠다.

2.1. 국어학 분야의 보조용언 연구

2.1.1. 통사론적 연구

1) 보조용언으로 설정하는 견해

 보조용언에 대한 최초의 체계적인 연구는 최현배(1937)이다. 최현배(1937)는 각 보조용언의 명칭과 용법을 기술했을 뿐만 아니라 보조용언 구문을 통사론적으로 분류했다.

남기심·고영근(2005)는 보조용언이 혼자 쓰이지 못하고 다른 용언에 기대어 쓰이면서 문법적인 의미를 더해 주는 역할을 한다고 보았다. 또한 보조용언 앞에 있는 연결어미가 정해져 있다고 보았다. 예를 들면, '찾다'와 '주다'는 연결어미 '-아/어'와 결합함으로써 보조용언의 기능을 나타낸다.

김기혁(1995)에서도 보조용언의 개념을 인정해 보조용언과 본용언이 결합하여 문장에서 하나의 용언으로써 서술어의 역할을 한다고 보았다. 보조용언이 어휘 범주의 특징과 구 범주의 특징을 모두 가지고 있다고 제시함으로써 보조용언을 어휘범주와 문법범주의 중간범주로 간주했다.

2) 복합 용언으로 설정하는 견해

본용언과 보조용언을 하나의 복합 용언으로 해석하는 연구 경향으로는 황병순(1986), 김은덕(1993)이 대표적이다.

황병순(1986)은 본용언과 보조용언의 구성을 복합동사로 보았다. 황병순의 견해에 따르면 보조용언과 본용언은 서로 의미적으로 밀접한 관계를 가지고 있는 두 동사의 결합으로 인해 새로운 단어가 형성된 것이다. 그는 이 복합동사의 형성 이론과 특징, 그리고 그 구성 순서에 대해 고찰했다.

김은덕(1993)은 본용언과 보조용언을 한 덩어리로 결합된 하나의 새로운 단어로 보았다.

3) 복합문(접속용언)으로 보는 견해

보조용언을 내포문을 안고 있는 복합문의 본동사로 보는 연구로 엄정호(1990), 김영희(1993) 등을 들 수 있다.

엄정호(1990)은 종결어미와 결합된 보조용언 구문형식에 주목하여 분석했다. 그 구문을 SEA(Sentence Ending Auxiliary)구문이라 칭하고 이 구문에서 나타나는 보조동사를 SEA동사라고 명명했다. SEA동사로 '보다, 한다, 싶다'를 그 예로 들었으며, 형태·통사론적 특징을 밝혔다. 김영희(1993)은 보조용언이라는 용어 대신 '의존동사'라는 용어를 사용하여 보조용언 구문을 의존동사 구문이라고 일컬었다.

2.1.2. 의미론적 연구

1) 상적 의미와 양태적 의미로 보는 견해

보조용언의 상을 표시에 중점을 둔 연구는 송상목(1985), 옥태권(1988) 등을 들 수 있다.

송상목(1985)은 보조용언의 선행동사의 문법기능을 한정시키고 선행동사에 다른 의미 기능을 더해 주는 후행동사라고 정의하였으며 보조용언을 '조동사'로 칭했다. 또한 조동사를 상을 나타내는 조동사와 상을 나타내지 않는 조동사로 분류하였고 이 중 상을 나타내는 조동사는 진행상 조동사(있-, 가/오-), 기동상 조동사(지-), 반복상 조동사(대-, 쌓-), 완결상 조동사(버리-, 놓-, 두-, 내-, 나-, 먹-, 말-)를 들었다.

옥태권(1988)은 동작동사에 다른 문법성분이 결합되어 나타내는 여러 가지 동작의 모습을 상(Aspect)의 개념으로 정의하고, 동작의 발달 단계에 따라 '조동사'의 범주를 '예기상, 향진상, 결과 지속상, 계속상, 완결상' 등 다섯 가지로 나눠 설정했다.

보조용언에 대한 연구들 중에 양태적 의미에 초점을 둔 연구는 김용석(1983), 엄정호(1990), 이기동(1993) 등을 들 수 있다.

김용석(1983)에서는 보조용언을 별도의 범주로 설정한 것이 타당하다고 주장하면서, 보조용언이 어떠한 객관적인 사실에 대한 화자의 주관이나 심리 상태를 표현하는 것이라고 말했다. 이런 설정 근거로 '가다, 오다, 쌓다, 대다, 내다, 놓다, 두다, 버리다, 보다, 지다, 주다' 등 11개를 보조용언으로 보고 '내다'와 '버리다'를 선택하여 의미 분석을 했다.

엄정호(1990)는 보조용언의 의미를 분석했다. '한다'는 '말하는 자의 주관적 판단'이라고 하였으며 '보다'는 '상황에 대한 추측적인 판단', '싶다'는 '주제의 불확정적인 판단'이라고 보았다. 또한 보조용언은 양태적 의미를 가진다고 주장하였으며 이를 범주화 시켜 그 양태적 특징들을 밝혀야 한다고 지적했다.

이기동(1993)에서는 '버리다'를 예로 들어 설명하면서 보통 '버리다'는 '완료'의 의미를 나타낸다고 생각하지만 실제로 이는 어느 사건에 대한 말하는 자의 심리적인 태도를 반영한다고 주장했다.

보조용언을 상과 양태 모두를 표현하는 요소라고 본 연구에는 이관규(1992), 손세모돌(1994), 이선웅(1995), 박선옥(2005) 등이 대표적이다.

이관규(1992)는 국어에서 보조동사가 화자 또는 주체의 심리적 태도를 나타내 주고 있기 때문에 미세한 심리적 태도를 잘 표출하려면 보조동사에 대한 올바른 이해가 중요하다고 주장했다. 예를 들어 '그는 음료수를 다 마셔 버렸다'라는 문장에서 보조동사 '-버리다'가 화자뿐만 아니라 문장의 주체인 '그'의 심리적 태도까지도 나타내 주고 있다고 보았다. 그는 의미에 따라 보조동사의 유형을 [진행], [시도], [완료], [강세], [지속], [원망] 등으로 나누어 설명했다.

손세모돌(1994)은 '버리다, 내다, 두다, 놓다' 이 네 가지 보조용언이 모두 [완료]라는 의미 기능을 공유하며 화자의 심리적인 태도도 함께 나타낸다는 점을 고찰하였고 의미적으로 보았을 때 심리적인 것과 상적인 것의 두 가지 면이 함께 혼합되어 있다고 보았다. 또한 이 들의 차이는 심리적인 태도를 다르게 나타내고 있다고 주장하였으며 '두다/놓다'의 기본적인 의미 기능은 '완결된 동작의 결과지속', 문맥에서는 '일을 끝내고'나 '바탕으로 하여', '미리 준비하다'의 뜻으로 해석하기도 했다.

이선웅(1994)은 보조용언의 상적, 양태적 의미는 논항을 실현하는 과정에서 어휘의 의미로부터 파생되는 것이지, 원래부터 존재하고 있는 의미가 아니라고 보았으며 본래 어휘의 의미가 추상화 되면서 파생적으로 두 가지 문법범주의 기능이 발생했다고 설명하였다. '상'은 동사의 행위가 실현되는 과정에서 지니고 있는 시간적 속성이라고 보고 이 과정에서 '진행상, 완료상, 반복상, 기동상, 지속상, 습관상'으로 나뉜다고 했다. 또한 화자의 명제에 대한 감정을 나타내는 것이 국어 보조용언의 양태성이라고 설명하였는데 이를 다른 말

로 하면 심리적 평가, 평가양태(evaluative modality)라고 할 수 있다
고 했다. 이외에도 인식양태(epistemic modality)와 의무양태(deontic
modality)를 추가하여 확인했다.

박선옥(2005)에서는 보조동사는 통사적으로 서술어로서 독립된
기능을 하지 못하며, 선행하는 본동사와 결합하여 양태나 상적 의미
를 첨가하여 본동사를 도와주고 있는 역할을 한다고 했다. 보조동사
가 가지는 문법범주 의미를 양태(樣態)적 의미와 상(相)적 의미라고
보았으며 상적 의미는 다시 '미완료'와 '완료'로 대별하고 '미완료'
는 [상태지속], [행위반복] 그리고 [행위진행]으로 하위분류했다. 보
조동사는 일반적으로 상 의미와 함께 양태적 의미를 갖는데 양태는
명제에 대한 화자의 태도와 관계가 있다고 했다. 양태란 명제 내용
에 대한 '필연성', '가능성', '개연성'과 더불어 화자나 주어의 [의무],
[의욕], [지식], [믿음], [희망], [허용], [기원], [의도], [추정], [금지], [불
능] 등의 평가나 판단을 포함한다고 했다.

2) 본동사로서의 어휘범주의 대응 의미로 보는 견해

의미론적 연구 중에는 보조용언을 본동사로 보며 본동사로서의
의미를 논한 것도 있다. 김지홍(1993)은 보조용언이 사용된 구문을
부사형 어미 '-게, -아, -고, -지'가 이끄는 '부사형 어미 구문'이라고
설정하고, 이 구문들이 전형적인 내포문임을 주장했다. 이것은 이와
관계되는 보조동사를 상황이나 대상에 대한 '인식, 평가'를 지시해
주고 있는 일반 동사로 보는 것이다.

2.1.3. 보조용언의 최근 연구

국어학에서 보조용언에 대한 연구는 지난 세기 말인 80, 90년대에 활발하게 다루어졌으나 2000년 이후에는 점차 줄어들고 있는 추세이다. 2000년 이후 보조용언에 대한 대표적인 연구로는 박선옥(2002), 권순구(2005), 배수자(2007), 문미경(2008), 임병민(2009) 등이 있다.

박선옥(2002)에서는 보조동사의 통사론적 특성에 대해 설명하고 있는데 그것은 바로 보조동사와 본동사는 강한 결속성을 가진다는 것이라고 주장했다. 이런 설정근거를 바탕으로 하여 '-어 지다, -어 가지고, -고 말다' 등을 보조동사 목록에서 제외시키고 '-어 치우다, -어 터지다, -어 빠지다, -어 먹다'를 보조동사로 추가하였고 이들 개별 보조동사의 의미를 '양태 의미', '상 의미' 그리고 '화용 의미'로 나누어 살폈다.

권순구(2005)에서는 보조용언의 특성과 의미를 잘 설명하고 이해시킬 수 있는 보조용언 구문을 제시했다. 각 보조용언의 의미를 파악하여 양태적인 의미와 상적인 의미를 규명하였다.

배수자(2007)에서는 보조용언의 통사론적 특성과 개념 중에서 가장 보편적인 다섯 가지 제약 조건을 판별 기준으로 설정하였으며 이것을 이용하여 기존에 최현배(1937)가 세운 보조용언의 범주를 다시 정리한 후 정리된 보조용언의 목록으로 각각의 의미를 다루었다. 새로 만든 보조용언 목록은 보조동사 18개와 보조형용사 3개가 포함되어 있다. 또한 양태 의미만 나타내는 것, 상 의미만 나타내는 것, 양태 의미와 상 의미 둘 다 나타내는 것으로 보조용언들의 의미 특성에 따라 다시 분류를 했다.

문미경(2008)에서는 현대 국어 보조용언에 대한 개념과 구문 구조를 살펴보고 설정근거를 마련하여 개별 목록들을 보조동사와 보조형용사로 구별한 뒤 개별 보조용언의 의미적 특성을 중심으로 기본 의미와 상 의미, 양태 의미를 고찰했다.

임병민(2009)에서는 보조용언 구문을 '본용언+보조용언'으로 보고 새로운 보조용언의 체계를 구성하였으며 발화 상황을 바탕으로 한 의미적인 측면에서 보조용언 구문의 세부 문제를 고찰했다. 또한 보조용언 목록을 18개 항목 속에 72개로 제시하면서 '하다'종류의 보조용언을 의미 기능별로 나누어 별도로 분류하는 방식을 취했으며 보조용언의 통사적, 의미적 제약에 대해서도 논의했다.

2.2. 한국어 교육 분야의 보조용언 연구

국어학 분야에서는 보조용언에 대한 연구들이 활발하게 진행되었지만 한국어 교육 분야 중 중국인을 위한 한국어 교육 분야에서는 아직 다양한 연구들이 이루어지지 못했다. 특히 2000년도 이전의 연구를 살펴보면 모두 보조용언의 설정근거, 통사적 구문구조, 상적 의미, 양태적 의미 등과 관련된 국어학 분야 위주의 연구들이다. 하지만 2000년도 이후부터는 보조용언 교육과 관련된 연구들이 조금씩 나타나고 있으며 한국어 교육을 목표로 하는 보조용언과 관련된 선행연구로는 한송화(2000), 최해주(2003), 최명선(2009), 이경미(2009)

등이 있다.

한송화(2000)에서는 한국어 교육에서 보조용언류 동사들을 양태적, 상적, 화행적 기능으로 분류했다. 한국어 학습자들이 보조용언을 학습할 때 보조용언의 양태적 의미, 상적 의미, 화행적 의미를 가장 먼저 이해해야 한다고 주장했으며 외국인 학습자를 대상으로 하는 교육용 보조용언 목록을 다시 설정했다. 하지만 목록을 설정하는 데 있어서 근거가 부족할 뿐만 아니라 가상으로 설정한 점이 없지 않아 논의에 있어서 한계를 보이고 있다.

최해주(2003)에서는 보조용언의 의미 기능을 한국어 학습자에게 제대로 이해시키고 사용할 수 있게 교육해야 한다고 주장했다. 그리고 이를 위한 교육용 한국어 보조용언을 선정하고 학습자의 보조용언 사용양상을 살펴 본 후 선정한 보조용언들의 의미를 하나씩 분석을 하여 이를 활용하는 교육 방안을 제시했다.

최명선(2009)에서는 개별 보조용언이 가지는 의미에 따른 보조용언을 의미별로 하위 범주화 한 뒤 실제 원어민 화자 보조용언의 사용 빈도를 조사하고 보편적으로 많이 사용되는 한국어 교재에서 보조용언을 어떻게 제시하고 있는지 분석해 보았다. 그리고 사용빈도와 한국어 교재 및 선행 연구들에서의 분포를 바탕으로 한국어 교육용 보조용언으로 총 41개를 선정하여 이를 다시 등급화 시켜 학습단계별 목록을 제시했다. 그러나 개별적 보조용언의 교수 학습에 대한 언급은 없었다.

이경미(2009)에서는 6개 보조용언의 통사론, 의미론적 특징만 살펴보고, 한국어 보조용언 교수 학습의 기본 방향을 제시했다. 또한 등급별로 보조용언 교수 학습 모형도 제시하였으나 교수 학습 모형에서 제시된 보조용언의 등급 기준이 모호했으며, 초, 중, 고급별 교수 학습 모형이 크게 차이가 없었다.

한국어 보조용언을 중국어와 대조한 연구나 중국인 학습자를 위한 교육 연구는 아직 많이 이루지 못하고 있다. 전반적인 대응양상에 관한 연구는 이영(2006), 서빈(2011), 오일록(2011), 사금(2013) 등이 있다.

이영(2006)은 중국어에서 한국어 보조용언과 대응되는 문법 요소로 능원(能願)동사가 있지만 그 양이 제한되어 있고 대부분의 한국어 보조용언은 중국어에서 다른 품사나 성분으로 대체되어 보조용언의 의미를 나타내고 있다고 밝혔다. 이 대조 분석을 통해 교육 내용을 정리하고 단계별 보조용언의 목록을 제시 하였으며 언어 텍스트 자료를 활용하여 교수 학습 모형과 교육 방안을 모색했다.

서빈(2011)에서는 한국어와 중국어의 조동사¹를 대조함으로써 두 가지 언어의 차이점을 밝히고 중국인 학습자가 보조동사를 학습해야 하는 필요성을 제시하였으나 한국어 보조용언의 대조로 마무리를 진 후, 막상 한국어 교육에는 어떻게 적용할 것인가에 대해서 언급하지 않았다.

오일록(2011)에서는 한국어 초급 교재를 분석하여 교재에서 나타나는 빈도수를 기준으로 보조용언을 등급화 시켜 분류했다. 이를 바탕으로 중국어권 학습자중 초급 학습자들을 위한 보조동사의 교육

---

1 서빈(2011)에서는 보조용언을 조동사로 칭했다.

방향을 제시하고 교수 학습 방안과 교육 모형을 제시했다. 그러나 교재 분석에 있어서 초급 교재만 다루었을 뿐 중급, 고급 교재의 현황은 살펴보지 않았다.

사금(2013)에서도 한국어 보조용언과 중국어 대응표현을 문법범주 위주로 대조 분석한 뒤 이것을 토대로 교수 학습 구성을 제시하였으나 그에 대한 근거가 부족해 보였다.

앞서 살펴본 바와 같이 현재까지 이루어진 보조용언에 관한 연구는 대부분 국어학 분야의 연구이고 보조용언 교육에 관한 연구와 중국인 학습자를 대상으로 하는 연구는 아직 미흡한 실정이다. 특히 보조용언을 전반적으로 다루고 체계화한 연구는 아직까지 이뤄지지 못하고 있다.

03

연구 방법 및 내용

국어학 분야의 보조용언에 대한 연구는 주로 보조용언의 범주 설정, 판별 기준, 상적 의미와 양태적 의미의 판단 등을 위주로 활발하게 진행해 왔다. 그러나 본서는 중국인 학습자를 위한 효율적인 보조용언의 교육 방안을 마련하는 데 목적을 두었기 때문에 국어학 분야에서 다루었던 문제들을 연구의 대상으로 삼지 않겠다. 우선 필자는 각 보조용언이 중국어와 의미적으로 어떤 대응관계를 가지고 있는지를 연구하고 이 대응관계가 중국인 학습자들이 보조용언을 사용하고 습득하는 데 어떤 영향을 미치는지, 또한 그들이 보조용언을 사용할 때 사용 측면과 이해 측면에서 어떤 양상을 나타내는지를 본서의 연구 대상과 문제로 삼았다. 그 연구 결과를 바탕으로 중국인 학습자들을 위한 보조용언의 교육방향을 제시하고 효율적인 교육 방안도 같이 마련하고자 한다.

본서의 연구 목표를 이루기 위해 2장에서는 한국어 보조용언의 개념과 특성을 살펴보고 선행연구자들이 제시한 보조용언 목록을 토대로 다시 보조용언 목록을 선정할 것이다. 보조용언에는 동사처럼 활용하는 보조동사와 형용사처럼 활용하는 보조형용사가 있다. 보조용언의 판별 기준과 범위 설정에 대해서는 아직 일치한 의견이 없다. 본 연구의 목적은 보조용언의 범위를 설정하려는 것이 아닌 한국어 교육이 목적이므로 다양한 보조용언을 선정하여 효율적인 교수 학습 방법을 마련하려 한다. 따라서 본서에서는 보조용언의 가장 기본적인 특성을 그 보조용언의 판별 기준으로 삼고 최대한 많은 보조용언을 연구의 대상으로 포함시키고자 한다. 뿐만 아니라 선행연구를 토대로 한 각 보조용언의 의미 기능을 기준으로 보조용언을 다시 분류시키고자 한다.

3장에서는 2장에서 선정된 한국어 보조용언들을 의미 기능별로 모두 제시하면서 중국어와 대응하는 표현을 살펴보고자 한다. 우선 의미적으로 대응되는 중국어 표현들이 각각 어떤 문법범주에 속하는지 고찰하고 한국어의 보조용언들이 중국어와 의미적으로 어떤 대응관계를 가지고 있는지 고찰하고자 한다. 그리고 중국어와 대응관계를 이루지 않는 보조용언들의 상적 의미와 양태적 의미를 분석하고 한국어의 보조용언과 대응되는 중국어 표현을 상적 대조할 것이다. 상적 대조를 할 때에는 주로 선행용언의 제약 방면에 대한 대조를 통해 그 차이점을 밝히려고 한다.

4장에서는 두 가지 조사를 통해 중국인 학습자들의 보조용언 사용양상과 습득양상을 고찰할 것이다. 먼저 작문 텍스트 분석을 통하여 중국인 학습자들의 보조용언 사용양상과 오류 양상을 조사하고자 한다. 우선 중국 현지 한국어 고급학습자와 한국에서 유학 경험이 있는 한국어 고급학습자를 두 분류로 나눈 뒤 그들의 작문 자료를 대상으로 보조용언의 사용빈도를 조사할 것이며 가장 많이 사용하는 보조용언과 일반적으로 사용하지 않는 보조용언이 무엇인지 밝힐 것이다. 또한 그 양상이 보조용언과 중국어의 대응관계에 있어서 어떤 관련성이 있는지 밝히며 작문 텍스트에서 나온 보조용언들의 오류 양상도 정리 및 제시하고자 한다. 두 번째 조사는 보조용언의 상적 의미와 양태적 의미, 선행용언의 제약에 따라 문항을 출제하고 설문지를 만들어서 중국인 학습자들의 보조용언 습득양상을 고찰할 것이다.

5장에서는 3, 4장의 분석 결과를 토대로 보조용언의 교육 방향과 목표를 제시하고 효율적인 교육 방안과 모형을 마련하고자 한다. 최근 한국어 교육 현장에서는 학습자들의 정확성과 유창성을 모두 요구하고 있으며 이는 수준 높은 보조용언의 이해 능력 및 사용 능력을 요구한다. 분석 결과에 따라 이해 측면을 강조해야 하는 보조용언이 있을 수 있고 반대로 사용 측면을 더욱 강조해야 하는 보조용언들이 있을 것이다. 이에 본서는 이해 능력과 사용 능력을 높이는 교수법을 각각 제시할 것이다.

6장에서는 본서의 전체 연구 내용과 연구 결과를 정리하고 요약하며 본 연구의 가치성과 한계점, 그리고 추후 연구할 방향을 제시함으로써 마무리를 지으려 한다.

중국인 학습자를 위한
한국어 보조용언의 교육 연구

제2장

한국어 보조용언의
특성과 선정

중국인 학습자를 위한
한국어 보조용언의 교육 연구

한국어 보조용언은 일반 용언의 모습을 띄지만 독특한 기능을 담당한다는 이중적인 성격을 지닌 까닭으로 학계의 많은 관심을 불러일으켜 왔다. 특히 각종 보조용언의 처리 문제가 중요한 논제로 대두되어 보조용언의 다양한 면모들이 여러 가지 관점으로 제시되고 있지만 아직까지 학계에서는 보조용언에 대한 일반적인 합의가 도출되지 못하고 있다(손세모돌, 1996:13). 따라서 본서는 중국어권 한국어 학습자들을 대상으로 보조용언에 대한 교육을 연구하는 입장에서 보조용언의 가장 보편적인 개념과 특성을 찾아내고 그에 맞는 모든 보조용언의 항목들을 연구하는 내용으로 삼으려 한다.

01

보조용언 개념과 특성

1.1. 보조용언의 개념

보조용언 교육에 대한 연구를 하기 위해선 우선 가장 기본이 되는 보조용언의 개념부터 정리할 필요가 있다. 보조용언의 용어는 학자마다 '조동사', '도움풀이씨', '조동사', '의존형용사', '의존동사', '양상동사', '보조용언', '보조동사', '보조형용사' 등 다양하게 사용되어 왔다. '보조용언'이란 용어는 최현배(1937)이후 현재까지 대부분의 국어 학계와 학교 문법에서 사용되고 있다. 따라서 본서는 이 논문에서 현재 가장 자주 사용되는 '보조용언'이라는 용어를 사용하겠다. 이것은 보조형용사와 보조동사를 모두 포괄하는 용어이다.

보조용언의 개념과 범주를 가장 체계적으로 다루었던 사람은 최현배(1937)이다. 그 후 많은 학자들은 보조용언의 범주 설정과 개념에 대하여 견해 차이를 보여 왔다. 기존의 많은 학자들이 정립한 보조용언의 개념을 살펴보면 다음과 같다.

최현배(1937)에서는 '제 홀로는 완벽한 풀이가 되지 못하고, 언제나 으뜸움직씨의 뒤에서 그 풀이하는 일을 돕는 것'을 '도움움직씨'라고 정의하였고 '그 풀이의 힘이 완전하지 못하여서 혼자서는 넉넉히 한 풀이말이 되지 못하고, 언제나 다른 풀이씨 뒤에 쓰여서, 그를 도와 함께 한 월의 풀이만이 되는 그림씨'를 '도움그림씨'라고 정의했다.

남기심·고영근(1985)에서는 보조용언은 '다른 말에 기대어 쓰이며 그 말에 문법범주 의미를 더해 주는 용언'이며 품사를 구분하여 보조형용사, 보조동사로 나누었다. 또한 보조용언은 '어휘범주의 대응이기보다는 문법범주 성격이 더 강하다'라고 했다.

고등학교『문법』(1991)에서는 보조용언을 '다른 말에 기대어 그 뜻을 도와주는 용언'이라 하는데 이는 다시 품사로 구별하여 보조동사, 보조형용사로 나뉜다. 보조용언의 성격은 의존명사의 성격과 비슷한 점이 많다. 모습은 일반적인 용언과 다름이 없으나, 자립성이 희박하거나 결여되어 있다. 또한 보조용언의 도움을 받는 용언을 본용언이라고 정의하고 있다.

서정수(1996)에서는 보조용언은 의미적으로나 구문론적으로 몇 가지 특성을 가진다고 언급하였다. 첫째, 본용언과의 관계가 밀접한 것, 둘째, 본용언의 서술적 기능을 돕는 것, 셋째, 문장의 접속 기능소나 서술 보조소 따위 문법 용소와 직접 통합을 한다는 점을 들고 있다. 특히 서정수(1996)에서는 보조용언이 고유한 의미를 가진 낱말 범주에 속한다고 보았다.

박선옥(2005)에서는 보조용언을 '선행하는 본동사에 결속하여 통사적으로 독립된 서술어 기능을 하지 못하며, 양태나 상의 의미를 첨가하여 본동사를 보조한다'라고 정의내리고 있다.

위의 보조용언 개념에 대한 서술을 통해 그 공통점을 크게 두 가지로 정리할 수 있다. 하나는 보조용언이 통사론적으로는 독립성이 없다는 점이다. 다른 하나는 보조용언은 문법범주로서 상적 의미와 양태적 의미를 가진다는 것이다. 즉 보조용언의 개념은 '문장에서 자립성 없이 선행하는 본용언을 도와주는 동시에 화자, 주체의 양태적 요소와 심리상태를 내포하고, 본동사와 종속적인 관계를 가진 동사'로 규정할 수 있다.

1.2. 보조용언의 특성

한국어 보조용언의 특성은 문법적 특성과 의미적 특성으로 나눌 수 있다. 문법적 특성은 크게 '통사적 비자립성, 대치 불가능성, 다른 요소의 삽입 불가능성, 겹침 가능성, 생략 불가능성'의 5가지로 나눌 수 있으며 의미적 특성은 주로 '상적 의미'와 '양태적 의미'를 가지고 있다. 이에 대한 설명은 아래와 같다.

1.2.1. 문법적 특성

1) 통사적 비자립성
보조용언의 통사적 비자립성은 최현배(1937)에서 보조용언의 설정 기준으로 제시되었다. 보조용언이 합성어, 접사, 형식용언 등의 인접범주와 구분되는 가장 큰 차이는 자립성이 없는 것이다. 즉 보조용언은 문장 속에서 늘 자신의 앞에 선행하는 본용언의 뒤에만 나타난다는 것을 의미한다. 서술어는 문장을 구성함에 있어서 가장 중요한 성분이기 때문에, 보조용언 혼자 서술어로 쓰일 수 없다는 점은 보조용언이 기타 용언들과 구분되는 가장 큰 특성이라고 할 수 있다.

(1) 가. 이 옷을 한번 입어 봐.
    나. 이 옷을 한번 입어.
    다.*이 옷을 한번 봐.
(2) 가. 엄마가 나를 위로해 주었어.
    나. 엄마가 나를 위로했어.
    다.*엄마가 나를 줬어.
(3) 가. 내가 이 빵을 먹어 버렸어.
    나. 내가 이 빵을 먹었어.
    다.*내가 이 빵을 버렸어.

(1가), (2가), (3가)와 같이 본용언과 보조용이 결합하여 서술어로서의 기능을 완전하게 수행할 수 있다. 반대로 보조용언이 생략된 (1나), (2나), (3나)에서는 비록 본용언만으로도 서술어 기능을 수행할 수는 있지만 그 의미 기능이 완전하지 못하며, 본용언이 생략된 (1다), (2다), (3다)에서는 보조용언만으로는 서술어의 독립적인 기능

을 하지 못해 비문이 되었음을 확인할 수 있다.

2) 대치 불가능성

보조용언이 다른 성분으로 대치될 수 있는지는 본용언과 구별되는 하나의 중요한 특성이라고 할 수 있다. 즉, 다른 성분의 대치는 본용언에서만 가능하다는 것이다.

(4) 가. 내가 이 옷을 한번 입어 볼까?

나. 나도 <u>그래 볼까?</u>

다.*나도 <u>입어 그럴까?</u>

(4나)는 본용언을 다른 성분으로 대치시킨 예이고, (4다)는 보조용언을 다른 성분으로 대치시킨 예이다. 이 예문에서 알 수 있듯이 본용언은 다른 성분으로의 대치가 자연스럽지만 보조용언을 다른 성분으로 대치하면 비문이 된다. 그렇기 때문에 보조용언은 다른 성분으로 대치가 불가능함을 확인할 수 있다.

3) 다른 요소의 삽입 불가능성

본용언과 보조용언 사이의 어미 '-아/어 서'나 다른 문장성분은 삽입이 불가능하다.

(5) 가. 내가 이 옷을 한번 입어 보았다.

나.*내가 이 옷을 한번 <u>입어서 보았다.</u>

(5나)에서 어미 '-아/어 서'를 삽입하면 선행용언과 후행용언으로 분리되어 두 개의 문장으로 나누어지기 때문에 비문이 된다.

4) 겹침 가능성

한국어에선 두 개 보조용언이 연속으로 나타나거나 반복으로 사용되기도 하며 보통 두 번 연속으로 나타나는 것이 일반적이다.

(6) 가. 새로 산 가방을 한번 보여 줘.

나. 새로 산 가방을 한번 <u>보여 줘 봐.</u>

(7) 가. 이 옷을 한번 입어 봐.

나. 이 옷을 한번 <u>입어 봐봐.</u>

(6가)에서는 보조용언 '주다'를 한번 사용하였고 (6나)에서는 보조용언 '주다'와 '보다'를 연속으로 사용하고 있다. (7나)에서는 보조용언 '보다'가 반복적으로 사용되고 있다. 보조용언은 연속사용이 가능하며 반복적으로 겹침이 나타나는 것은 보조용언만의 특성이다.

5) 생략 불가능성

보조용언이 쓰인 구문은 선행하는 본용언과 후행하는 보조용언 전체의 생략은 가능하지만 분리해서 생략하면 비문법적인 문장이 된다.

(8) 가. 엄마는 중국에 가고 싶어 하고, 동생은 미국에 가고 싶어 한다.

나. 엄마는 중국, 동생은 미국에 가고 싶어 한다.

다.?엄마는 중국에 가고, 동생은 미국에 가고 싶어 한다.

라.*엄마는 중국에 싶어 하고, 동생은 미국에 가고 싶어 한다.

(8나)에서 본용언과 보조용언을 모두 생략하면 문장성립이 가능하다. 하지만 (8다)와 같이 보조용언만 생략할 경우, 문장의 의미가 달라진다. (8라)에서 볼 수 있듯이 본용언이 생략되면 비문법적인 문장이 된다.

1.1.2. 의미적 특성

보조용언의 의미는 크게 상(aspect)적인 의미와 양태(modality)적인 의미로 구분될 수 있다.

1) 상적 의미

존재세계는 단순하게 보면 두 가지 상황으로 인식된다. 하나는 움직임과 관계없이 속성이나 상태로 관찰되는 정적인 상황으로 이는 형용사로 표현된다. 다른 하나는 움직임과 관련되며 무정물의 작용 및 유정물의 동작으로 관찰되는 동적인 상황으로 이것은 동사로 표현된다. 대체로 형용사는 정적인 상황의 제시로, 동사는 동적인 상황의 제시로 나타난다. 상은 이동의 전개 과정에서 동적 상황이 나타내는 움직임의 모습을 문법용어화한 것으로 상황의 내적인 시간

구성을 갖는 것이라 할 수 있다[2]. 상은 단순하게 발화시간과 관련된 장면의 위치를 결정하는 것이 아니라, 동사의 이동과정이 그 장면에 어떻게 펼쳐져 있는가를 보이는 것이다. 즉, 이동 전개 과정에서 동적 상황이 표현하는 움직임의 모습을 문법범주화 한 것이 상이다[3].

(9) 가. 나는 오늘 중국에 가.

나. 이 과일이 빨갛게 익어 간다.

(9가)에서 본용언 '가다'는 '한 곳에서 다른 곳으로 장소를 이동하다'라는 어휘범주의 대응 의미를 가지고 있다. (9나)에서의 '가다'는 완전히 익는 목표점을 향해 익어가는 과정이 진행됨을 나타내는 상적인 의미를 가지고 있다. 물론 (9나)의 '가다'에도 어휘범주의 대응 의미가 전혀 없는 것은 아니지만, 그 의미는 문맥에서 더욱 추상화된 것이라 볼 수 있다. 이와 같이 '진행'의 의미를 지니는 보조용언으로는 '가다' 이외에 '오다', '-고 있다' 등이 있다.

(10) 가. 엄마는 내 장난감을 버렸다.

나. 엄마는 내 생일을 잊어 버렸다.

---

2 박덕유(2007:26)을 참조.

3 Comrie(1976:6-7)는 상을 문법범주 범주인 완료상과 비완료상의 대립으로 파악했으며, 비완료상을 어휘의미적 범주인 습관, 진행, 지속, 반복상 등으로 다시 세분했다.

(10가)에서 '버리다'는 지니거나 가지고 있을 필요가 없는 물건을 쏟거나 내던지는 등의 구체적이고 객관적인 어휘범주의 대응 의미를 지니고 있다. 이에 반해, (10나)에서 '버리다'는 어휘범주의 대응 의미보다는 문법범주 의미로서 '행위나 동작의 완료'라는 상적인 의미가 강조되었음을 알 수 있다. 이와 같이 '완료'의 의미를 지니는 보조용언으로는 '버리다' 이외에 '놓다, 두다, 내다' 등이 있다.

보조용언의 상(aspect)적인 의미는 크게 '완료'와 '미완료'로 나눌 수 있다. 미완료상은 또 다시 '진행, 반복, 예정'으로 나누어 볼 수 있다. 한국어에서 상적인 의미를 가지는 보조용언은 아래 〈표 1〉과 같이 정리한다.

〈표 1〉 보조용언 상적인 의미의 분류(박덕유, 1998)

구 분		보조용언
완료상		'-고 있-[4]', '-어 있-', '-어 치우-', '-어 버리-', '-어 내-', '-어 두-', '-어 나-', '-어 놓-', '-고 말-'
미완료상	진행	'-고 있-[5]', '-어 오-', '-어 가-'
	반복	'-곤 하-', '-어 대-', '-어 쌓-'
	예정	'-려고 하-', '-게 되-'

---

4 '-고 있다'는 결과지속상, 진행상의 두 가지 상적 의미를 가지고 있다. 예를 들면, '림림이 오늘 빨간 옷을 입고 있다'의 '-고 있다'는 현재 진행의 의미가 아닌 결과지속의 의미를 나타내며 '결과지속상'이라고 할 수 있다.

5 '-고 있다'는 '결과지속상' 이외에 진행상의 의미도 나타낸다. 예를 들면, '밥을 먹고 있다'의 '-고 있다'는 현재 진행의 의미를 나타내는 '진행상'이라고 할 수 있다.

2) 양태적 의미

양태(modality) 의미를 언어학에서는 다음과 같이 설명하고 있다. 양태란 보통 문장 내용에 대한 화자의 심리적 태도나 인식을 말한다. 보조용언이 양태 의미를 가지고 있다고 보는 사람은 이기동(1976), 차현실(1983), 손세모돌(1994a), 이선웅(1995), 김지은(1998) 등이 있다. 이들은 보조용언이 같은 형태의 본용언에서 의미가 확대되어 추상화 과정을 거쳐서 양태와 상의 의미와 같은 문법 범주로 변하였거나 변하고 있다고 보는 견해이다. 양태의 가장 보편적인 의미는 명제에 대한 화자의 견해나 태도를 나타내는 데 사용된다. 그러므로 양태의 개념은 화자나 주어의 [믿음], [욕구], [의무], [허용], [불능], [추정], [희망], [의도], [금지] 등의 판단이나 평가를 포함한다.

  (11) 가. 나는 빨리 졸업하고 싶다.

     나. 엄마는 내 소원을 들어 주었다.

(11)에서는 보조용언이 주어의 바람이나 의도가 드러나 있다. 즉 '-고 싶다', '-어 주다'는 주어의 심리적인 측면을 반영하고 있기 때문에 양태 의미를 갖는 보조용언으로 볼 수 있다.

  (12) 가. 친구들과 같이 이 수학 문제를 풀었다.

     나. 친구들과 같이 이 수학 문제를 풀어냈다.

(12)의 문장 의미는 '-어 내다'로 인해 달라진다. (12가)는 그냥 수

학문제를 풀었다는 사실을 말해 주고 있지만 (12나)는 화자의 심리적인 태도가 나타나고 있다. 즉 이 수학문제들은 매우 어려웠지만 친구들이 다 같이 노력해서 이 어려운 문제를 해결했다는 심리적인 태도를 나타냈다. 여기서 '-어 내다'는 '어려움을 극복하다'는 양태적 의미를 가지고 있는 보조용언이다.

일반적으로 양태 의미를 갖는 보조용언으로 인정되는 목록은 다음과 같다. 하지만 필자는 훨씬 많은 보조용언들이 양태적 의미를 가지고 있다고 주장한다.

<표 2> 양태 의미의 보조용언

번호	양태 의미	보조 용언
1	봉사	-어 주다
2	시행	-어 보다
3	평가	-어 내다
4	희망	-고 싶다
5	변화	-게 되다

02

한국어 보조용언의 선정

이절에서는 우선 보조용언의 판별 기준을 세운 후 선행연구자들이 다루었던 보조용언 목록을 다시 살펴보고 보조용언의 총 목록을 정리하고자 한다. 총 목록에서 나온 모든 보조용언을 다시 보조용언의 판별 기준으로 세분화하여 검토하여 보조용언의 판별 기준에 모두 적합하면 보조용언으로 인정한다.

2.1. 한국어 보조용언의 판별 기준

본서는 중국인을 위한 보조용언의 교육 방안을 모색하기 위해 우선 한국어의 보조용언 목록을 선정해야 한다. 보조용언의 판별 기준과 범주 설정에 대한 견해는 학자들마다 제각기 다양한 견해를 가지고 있기 때문에 보조용언의 목록에 있어서도 서로 차이를 보인다. 본서는 중국인 학습자를 위한 보조용언의 교육을 목적으로 하는 연구이기 때문에 보조용언의 판별 기준과 범주 설정에 중점을 두지 않았으며 2.1에서 제시한 보조용언의 문법적 특성만 보조용언의 판별 기준으로 삼았다. 그 이유는 중국인 학습자가 한국어를 학습할 때 문법 형태부터 인식을 하기 때문에 의미적 특성보다 일정한 문법적 특성을 기준으로 삼는 것이 타당하다고 보기 때문이다. 또한 2.1에서 제시한 보조용언의 총 5가지 문법적 특성 중 '겹침 가능성'은 보조용언의 필수적인 조건이라고 보지 않기 때문에 판별 기준에서 제외했다. 보조용언의 판별 기준은 다음과 같다.

1) 통사적 비자립성

보조용언의 통사적 비자립성은 최현배(1937)에서 보조용언의 설정 기준으로 제시되었다. 보조용언이 합성어, 접사, 형식용언 등의 인접범주와 구분되는 가장 큰 차이는 자립성이 없는 것이다.

2) 대치 불가능성

보조용언이 다른 성분으로 대치될 수 있는지는 본용언과 구별되는 하나의 중요한 특성이라고 할 수 있다. 즉, 다른 성분의 대치는 본용언에서만 가능하다는 것이다.

3) 다른 요소의 삽입 불가능성

본용언과 보조용언 사이의 어미 '-서'나 다른 문장성분은 삽입이 불가능하다.

4) 생략 불가능성

보조동사가 쓰인 구문은 선행하는 본동사와 후행하는 보조동사 전체의 생략은 가능하지만 분리해서 생략하면 비문법적인 문장이 된다.

2.2. 선행연구 보조용언의 목록

본서는 선행연구들 중 대표적인 연구를 선택하여 연대순으로 제시하고 국어사전, 문법서, 교재에서 나타난 보조용언도 함께 제시하여 살펴보며 보조용언의 총 목록을 정리하고자 한다.

2.2.1. 국어교육 선행 연구자들의 보조용언 목록

보조용언에 관한 연구로는 최현배(1937)에서 제시한 목록을 시작으로 하여, 이관규(1992), 박영순(1993)에서 각각 다른 보조용언 목록을 정리한 바가 있다. 그 이외에 학교문법을 포함한 남기심·고영근(1985/2005), 그리고 한국어 교육을 목적으로 하는 연구에 해당하는 민현식(1999) 등도 보조용언 목록을 따로 제시하였다. 또한 최근 보조용언에 관한 연구는 박선옥(2002), 권순구(2005), 배수자(2007), 문미경(2008) 등이 있다.

선행 연구자들의 보조용언의 목록을 연구의 연대순으로 제시하겠다. 최현배(1937)에서는 보조용언을 아래 〈표 3〉과 같이 분류했다.

우선 보조동사 13가지와 보조형용사 6가지의 의미 기능으로 나누고
의미 기능별 구체적인 양상을 총 41가지로 제시하였다.

〈표 3〉 보조용언의 분류(최현배, 1937)

구분	순번	의미 기능	보조용언
보조동사	1	지움(부정)	아니하다, 못하다, 말다
	2	하임(사동)	하다, 만들다
	3	입음(피동)	지다, 되다
	4	나아짐(진행)	가다, 있다, 오다
	5	끝남(종결)	나다, 내다, 버리다
	6	섬김(봉사)	주다, 드리다, 바치다
	7	힘줌(강세)	쌓다, 대다
	8	해보기(시행)	보다
	9	마땅함(당위)	하다
	10	그리여김(시인적 대용)	하다
	11	거짓부리(가식)	체하다, 척하다, 양하다
	12	지나간 기회(가능성)	뻔하다
	13	두기(보유)	놓다, 주다, 가지다, 닥다
보조형용사	1	바람(희망)	싶다, 지다
	2	지움(부정)	아니하다, 못하다
	3	미룸(추측)	듯하다, 듯싶다
	4	그리여김(시인)	하다
	5	갑어치(가치)	만하다, 직하다
	6	모양(상태)	있다

이관규(1992)에서는 보조용언을 아래 〈표 4〉와 같이 분류하였다.
총 7가지의 의미 기능에 21개의 보조용언을 다루었다.

〈표 4〉 보조용언의 분류(이관규. 1992)

순번	의미 기능	보조용언
1	진행	가다, 나가다, 오다, (고) 있다
2	완료	내다, 치우다, 먹다, 버리다, (고) 말다
3	봉사	주다, 드리다, 바치다
4	시도	보다, (고) 보다
5	강세	쌓다, 빠지다, 붙이다, 대다, 제치다
6	원망	(고) 싶다
7	지속	두다, 놓다

박영순(1993)에서는 보조용언을 아래 〈표 5〉와 같이 분류하였다. 총 20가지의 의미 기능에 41개의 보조용언을 다루었다.

〈표 5〉 보조용언의 분류(박영순. 1993)

순번	의미기능	보조용언	순번	의미기능	보조용언
1	부정	아니하다, 못하다, 말다	11	가식	체하다, 척하다, 양하다
2	사동	하다, 만들다	12	가능성	뻔하다
3	피동	지다, 되다	13	보유	놓다, 두다, 가지다
4	진행	가다, 오다	14	희망	지다, 싶다
5	종결	나다, 내다, 버리다	15	부정	못하다, 아니하다
6	봉사	주다, 드리다, 바치다	16	추측	듯하다, 듯싶다, 싶다, 법하다, 보다
7	시행	보다	17	시인	하다
8	강세	쌓다, 대다	18	가치	만하다, 직하다
9	당위	하다	19	상태	있다
10	시인	하다	20	진행	있다

민현식(1999)에서는 의존용언의 명칭으로 하여 20가지로 분류하였으며 총 58개의 보조용언을 다루었다. '하다'계 보조용언으로 '-게, -도록, -어야, -고자, -거니, -려니, -었으면' 등의 여러 활용어미들과 결합한 형태들까지 모두 보조용언으로 보는 것이 지금까지의 논의와 차이점이라고 할 수 있다.

〈표 6〉 보조용언의 분류(민현식, 1999)

순번	의미 기능		보조용언
1	'하다'류	당위	-어야 하다
		사동	-게/도록 하다
		선택	-든지/거나 하다
		희망	-었으면 하다
		의심	-는가 하다
		인용	-다고 하다
		의도	-으려고/고자 하다, -ㄹ까 하다
		추측	-거니/으려니 하다, -ㄴ/ㄹ 듯하다, -ㄹ 법하다
		습관	-곤 하다
		가식	-ㄴ/ㄹ 양하다, -ㄴ/척/체하다, -ㄹ 뻔하다
		가치	-ㄹ/을 만하다
2	당위		-어야 되다, -기 마련이다
3	피동		-게 되다
4	진행		-어 오다, -어 가다
5	완료		-고 나다, -고야 말다, -어 버리다, -어 내다
6	반복		-어 대다
7	완료 강조		-어 제치다, -어 치우다
8	완료 지속		-어 두다, -어 놓다
9	사동		-게 만들다
10	시행		-어 보다, -고 보다

순번	의미 기능	보조용언
11	추측	-는가/나 보다, -어 보이다, -것 같다
12	부정	-지 못하다, -지 아니하다/않다, -지 말다
13	진행	-고 있다/계시다
14	지속	-아 있다
15	희망	-고 싶다, -ㄹ까 싶다
16	추측	-는가/지나 싶다, -ㄹ까 싶다, -ㄴ/ㄹ 듯싶다
17	봉사	-어 주다/드리다
18	강조	-어 죽다, -어 빠지다
19	예정	-게 생겼다
20	습관	-어 버릇하다

박선옥(2002)에서는 선행동사의 활용형을 기준으로 하여 보조용언을 분류하였으며 총 19개의 보조용언을 다루었다.

〈표 7〉 현대국어 보조용언의 분류(박선옥, 2002)

선행동사의 활용형	보 조 용 언
-어	가다, 내다, 놓다, 치우다, 터지다, 대다, 주다(드리다), 두다, 버리다, 먹다, 빠지다, 보다, 오다, 있다(계시다)
-고	싶다, 있다(계시다)
-지	말다, 아니하다, 못하다,

권순구(2005)에서는 보조용언의 상적 의미와 양태적 의미를 근거로 하여 보조용언을 분류하였으며 총 13개의 보조용언을 다루었다.

〈표 8〉 보조용언의 분류 (권순구, 2005)

구분		보 조 용 언
상	완료상	-어 있다
	미완료상	-고 있다, -어 가다, -어 오다, -어 대다, -어 쌓다, -어 놓다, -어 두다
	양태	-어 주다, -어 보다, -어 버리다, -어 내다, -고 싶다

배수자(2007)에서는 보조용언을 의미별로 분류하였으며 총 21개의 보조용언을 다루었다.

〈표 9〉 보조용언의 분류(배수자, 2007)

구분		보 조 용 언
보조동사	부정	-아/어 먹다
	피동	-아/어 지다
	진행	-아/어 가다, -고 있다, -아/어 오다
	종결	-아/어 치우다, -아/어 내다, -고 말다, -아/어 버리다
	봉사	-아/어 주다(드리다), -아/어 바치다
	시행	-고 보다, -아/어 보다
	강세	-아/어 대다, -아/어 쌓다
	당위	-어야 하다
	보유	-아/어 두다, -아/어 놓다
보조형용사	희망	-아/어 지다, -고 싶다
	상태	-아/어 있다

2.2.2. 한국어교육 선행 연구자들의 보조용언 목록

보조용언 교육에 관한 연구는 한송화(2000), 최해주(2003), 최명선 (2009) 등이 있다.

한송화(2000)에서는 한국어 보조용언을 상적 기능, 양태적 기능, 화행적 기능으로 나눴으며, 상적 기능을 가진 보조용언을 13개, 양 태적 기능을 가진 보조용언을 14개, 화행적 기능을 가진 보조용언을 6개로 보았다.

〈표 10〉 한국어 보조용언 목록(한송화, 2000)

구분	보조용언
상적 기능	-어 있다(계시다), -어 오다, -고 나다, -어 나다, -어 보다, -어 가지다, -어 가지다, -어 놓다, -곤 하다, -어 가다, -어 내다, -려 하다, -어 대다
양태적 기능	-어 놓다, -어 두다, -어 내다, -은가 하다, -은가 싶다, -고 말다, -어 주다, -고자 하다, -기는/도/야 하다, -어 버리다, -려 들다, -고 싶다, -려고 하다, -기로 하다
화행적 기능	-도록 하다, -으면 싶다, -으면 하다, -으면 좋겠다, -기 바라다, -어야 하다

최해주(2003)에서는 형태상 보조용언 구문과 많은 차이를 보이지
만 기능이 보조용언과 유사하고 다른 문법범주에 포함시키기 어려운
통어적 구문들까지 한국어 교육용 보조용언 목록에 모두 포함시켰다.

〈표 11〉 한국어 교육용 보조용언 목록(최해주, 2003)

순위	보조용언	순위	보조용언	순위	보조용언
1	(-어) 가다/오다	26	(-은, -을, -는)	51	(-고) 앉다
2	(-어) 가지다		모양이다	52	(-은, -을,-는) 양하다
3	(-은, -을, -는) 것	27	(-기) 바라다	53	(-어) 있다/계시다
	같다	28	(-어) 바치다	54	(-고) 있다/계시다
4	(-게) 굴다	29	(-어) 버릇하다	55	(-고)자 빠지다
5	(-어) 나가다	30	(-어)버리다	56	(-으)ㄴ적이 있다/없다
7	(-어) 내다	31	(-는/(으)ㄴ) 법이다	57	(-어) 주다/드리다
8	(-어) 내려가다	32	(-을) 법하다	58	(-었으면) 좋겠다
9	(-어) 놓다	33	(-고) 보다	59	-(으)ㄹ 줄 알다
10	(-어) 대다	34	(-나/는가) 보다		/모르다
11	(-게) 되다	35	(-을까) 보다	60	(-어) 지다
12	(-어도) 되다	36	(-다가) 보다	61	(-은, -는, -을)
13	(-어야) 되다	37	(-어) 보다		척하다
14	(-어) 두다	38	(-려고) 보다	62	(-는/(으)ㄴ) 체하다
15	(-고) 들다	39	(-어) 보이다	63	(-어) 치우다
16	(-고자, -려, -려고)	40	(-어) 빠지다	64	(-어) 터지다
	들다	41	(-을) 뻔하다	65	(-(으)려고/고자)
17	(-어) 들어가다	42	(-게) 생기다		하다
18	(-은, -을, -는)	43	(-으)ㄹ 수	66	(-려니, -거니) 하다
	듯하다	44	있다/없다	67	(-게) 하다
19	(-을) 따름이다	45	(-기(가)) 쉽다	68	(-고) 하다
20	(-어) 마땅하다	46	(-기(가) 십상이다	69	(-곤) 하다
21	(-게/기) 마련이다	47	(-고) 싶다/싶어하다	70	(-기로) 하다
22	(-게) 만들다	48	(-었으면) 싶다	71	(-어야) 하다
23	(-을) 만하다	49	(-은, -을, -는)	72	(-도록) 하다
24	(-고) 말다		듯싶다	73	-(으)ㄹ까 하다
25	(-어) 먹다	50	-(으)ㄴ지 싶다	74	(-었으면) 하다
			(-어) 쌓다		

최명선(2009)에서는 한국어 보조용언의 의미별 전체 목록을 제시
하였는데 총49개이다. 하지만 이 중 두 개 이상의 의미를 가진 개별
보조용언 5개를 구분하여 실제 보조용언의 목록은 총 54개이다.

〈표 12〉 보조용언의 의미적 분류(최명선, 2009)

의미범주	보조용언
사동	(-게) 하다, (-게) 만들다
피동	(-게) 되다, (-어)지다
반복	(-곤/고는) 하다, (-어) 대다, (-어) 쌓다
완료	(-어) 나다, (-고) 나다, (-어) 버리다, (-어) 내다, (-어) 치우다, (-고야) 말다
진행	(-어) 가다, (-어) 오다, (-고) 있다/계시다
지속	(-어) 있다/계시다, (-어) 가지다$_2$, (-어) 놓다, (-어) 두다
강조	(-어) 빠지다, (-어) 먹다, (-기나) 하다
가능	(-을) 만하다$_2$
의무	(-어야) 하다, (-어야) 되다
추측	(-은/는) 듯싶다/듯하다, (-나/은가/는가) 보다, (-나/은가/는가) 싶다, (-을까) 싶다$_1$, (-을까) 보다$_1$
시도	(-어) 보다$_1$, (-고) 보다, (-다/다가) 보다
봉사	(-어) 주다/드리다
경험	(-어) 보다$_2$
의도	(-으려고) 하다, (-고자) 하다, (-을까) 보다$_2$, (-을까) 싶다$_2$, (-을까)하다
희망	(-고) 싶다, (-었으면) 싶다, (-었으면) 하다
금지	(-지) 말다
부정	(-지) 아니하다
가능성	(-을) 뻔하다
가치	(-을) 만하다$_1$
불능	(-지) 못하다
가식	(-은/는) 척하다/체하다
인정	(-기는) 하다, (-기도) 하다
이유	(-어)가지다$_1$, (-고) 하다

2.2.3. 사전, 교재, 문법서의 보조용언 목록

1) 사전[6]의 보조용언의 목록 정리

『표준국어대사전』에서는 보조동사나 보조형용사로 표시되어 있는 것을 모두 골라내어 목록을 정리하였고 총 41개의 보조용언이 제시되어 있다.

〈표 13〉『표준국어대사전』의 보조용언 목록 (가나다 순)

순위	보조용언	순위	보조용언	순위	보조용언
1	가다	15	만하다	29	아니하다/않다
2	가지다/갖다	16	말다	30	양하다
3	계시다	17	먹다	31	오다
4	나가다	18	못하다	32	있다
5	나다	19	버릇하다	33	주다
6	내다	20	버리다	34	죽다
7	놓다	21	법하다	35	지다
8	달다	22	보다	36	직하다
9	대다	23	빠지다	37	척하다
10	두다	24	뻔하다	38	체하다
11	드리다	25	생기다	39	치우다
12	들다	26	성부르다	40	터지다
13	듯 싶다	27	싶다	41	하다
14	듯하다	28	쌓다		

---

6 국립국어원(1999)를 참조.

2) 학습용 한국어 어휘 목록

국립국어연구원에서 2003년 5월에 발표한『한국어 학습용 어휘 목록』은 1단계 982개, 2단계 2,111개, 3단계 2,872개, 총 5,965개 단어가 포함되어 있다. 이중에 보조용언으로 표시되어 있는 단어는 총 47개이다.

〈표 14〉 한국어 학습용 어휘 목록

연결어미	보조용언
-아/어	있다, 보다, 보이다, 주다, 오다, 버리다, 가다, 놓다, 내다, 나다, 두다, 나가다, 기지다, 드리다, 달다, 아니하다, 갖다, 먹다, 죽다, 치우다
-고	있다, 싶다, 말다, 나다, 계시다, 싶어 하다
-지	않다, 말다, 못하다
-게	하다, 만들다, 되다
-는가	보다
-ㄴ/는/ㄹ	듯하다, 만하다, 척하다, 뻔하다, 듯싶다, 체하다
기타	-어야 하다, -려고 하다, -기(는, 도, 만) 하다, -은가 보다, -려고 들다, -자고 들다, -기로 들다, -어지다

3) 한국어 문법서에 제시된 보조용언의 목록[7]

최근에 한국어 교육현장에는 외국인을 위한 문법서가 많이 발행되고 있다. 이곳에서도 보조용언을 하나의 문법범주로 다루고 있다. 대표적인 문법서로는 백봉자(1999), 임호빈 외(2005) 등이 있다. 여기에서 수록된 보조용언은 아래 〈표 15〉에서 제시한 것과 같다.

---

7 이경미(2009)에서 재인용.

〈표 15〉 한국어 문법서에 제시된 보조용언의 목록

문법서	보조용언의 종류	
백봉자(1999)	-아/어/여	가다, 오다, 지다, 보다, 대다, 쌓다, 빠지다, 두다, 버리다, 주다
	-고	있다, 싶다, 싶어하다, 나다, 말다, 들다
	-(으)ㄴ가/나/ㄹ	보다
	-게	하다, 만들다, 되다
임호빈 외(2005)	진행: 가다, 오다, 있다, 들다 종결: 내다, 버리다, 빠지다, 치우다, 나다, 말다 봉사: 주다, 드리다 시도: 보다 반복: 대다 보유: 놓다, 두다, 가지다 희망: 싶다 상태: 있다, 지다 부정: 말다, 않다, 아니하다 불능: 못하다	
	'하다'류 -아/어/여야 하다, -기는 하다, -(으)ㄹ까 하다, 뻔하다, 만하다, 듯하다, -곤 하다, -는가 하다, -ㄴ/는 체하다, 양하다, 척하다	

4) 한국어 교재의 제시된 보조용언의 목록[8]

대부분 한국어 교재에서는 보조용언을 하나의 문법범주로 제시하여 설명하고있다. 본서는 한국어교육 현장에서 많이 사용되고 있는 네 가지 교재, 즉 연세대 이화여대, 경희대, 서강대 교재를 선택하여 보조용언 목록을 제시하겠다.

---

8 한국어 교육 현장에서 많이 사용되는 4가지 교재를 택했음.

〈표 16〉 한국어 교재의 보조용언의 목록

급수	연세대	이화여대	경희대	서강대
1	-고 싶다 -지 않다 -어 주다 -지 못하다 -지 말다 -려고 하다 -고 있다 -어 보다 -어지다 -었으면 하다 -기로 하다	-지 않다 -고 싶다 -어 주다 -고 있다 -아/아야 하다 -려고 하다	-고 싶다 -지 않다	-지 말다 -고 싶다 -지 않다 -아/어 보다 -아/어야 하다 -려고 하다 -아/어 주다
합계	11개	6개	2개	7개
2	-어야 하다 -어 가지다 -어 지다 -은가 보다 -기도 하다 -어 보다 -어 있다 -게 되다	-고 있다 -고 나다 -어 보다 -어 드리다	-어 주다 -지 말다 -지 못하다 -고 있다 -기로 하다 -려고 하다 -어야 되다 -어야 하다 -어 보다	-아/어 드리다 -고 있다 -기로 하다 -다고 하다 -라고 하다 -아/어지다 -게 되다
합계	8개	4개	8개	7개
3	-어 놓다 -을까 싶다 -은가 싶다 -을까 싶다 -어 버리다 -고 나다 -어 있다 -을까 보다 -고 말다 -곤 하다	-어 지다 -어 두다 -어 보다 -게 하다 -게 되다 -어 가다 -을 만하다 -어 있다 -을까 보다 -을까 하다 -고 말다 -어 놓다 -는 척하다	-게 되다 -어 가다 -어 오다 -나/은가 보다 -어 놓다 -어 두다 -을까 하다 -어지다 -어 가지다 -고 나다	-기는 하다 -았/었으면 좋겠다 -아/어 있다 -은가/나 보다 -을까 하다
합계	10개	15개	10개	5개

급수	연세대	이화여대	경희대	서강대
4	-고 보다 -어 가다 -이 오다 -고 말다 -어 지다 -기로 하다 -고 보다 -곤 하다 -어 보다 -기는 하다	-어 오다 -었으면 싶다 -나/은가 보다 -곤 하다 -어 두다	-어 있다 -다가/다 보다 -었으면 하다 -곤 하다 -어 버리다 -을까 보다 -고 말다	-게 되다 -도록 하다 -아/어 버리다 -려나 보다 -아/어 있다 -곤 하다
합계	10개	5개	7개	6개
5	-어 버리다 -어 내다 -을까 하다 -을 만하다 -어 가지다 -어 두다 -어 오다 -어 가다 -고자 하다 -다/다가 보다 -고 나다 -은/는 듯싶다	-어 내다 -다/다가 보다 -어 대다 -은가 하다 -어 가다 -나 하다	-고 보다 -은/는/을 듯하다 -은/는/을 듯싶다	-아/어 가다 -아/어 오다 -고자 하다 -고 말다 -기도 하다 -게 하다 -는가 싶다 -ㄹ 뻔하다 -는 척하다 -아/어 내다 -아/어 두다 -기만 하다 -는 셈이다
합계	12개	6개	3개	13개
6	-어 대다 -어 가다 -은가 보다 -다가 하다 -은/는듯싶다 (-을까) 하다	미출시	-고 말다 -고 나다 -어 죽다 -어 내다 -어 치우다	미출시
합계	7개		5개	

2.2.4. 선행연구자들의 보조용언 총 목록

앞에서 제시한 기존 연구들에서 논의되고 있는 보조용언들을 분석하여 보조용언의 총 목록을 다시 정리하였다. 각 연구들에서 제시한 보조용언들 중에서 몇 개만 제외하고 모두 포함시켰다. '닥다'는 '보유'의 의미로 최현배(1937)에서만 제시되어 있으며 현대 국어에서는 쓰이는 용례를 실제로 찾아보기 어려운 경우이기 때문에 본서의 목록에서 제외하였다. 그리고 '성싶다'는 현대 한국어에서 실제로 쓰이는 용례를 찾아보기 어려운 경우이기 때문에 이 역시 제외하였다. 최해주(2003)에서 제시한 교육용 보조용언 목록에서는 보조용언으로 볼 수 없는 표현들이 있다. 예를 들어, '-기 십상이다, -기 마련이다, -는/ㄴ 법이다, -을 모양이다' 중에 '십상'과 '법'은 명사이다. 따라서 보조용언이라고 보기 어렵다. 그 이외에는 모두 포함시켰다.

전체적인 분류는 최현배(1937)를 기초로 하였고, 각 보조용언의 의미 기능에 따라 23가지로 분류하여 총 64개의 보조용언의 목록을 작성했다. 각 보조용언의 의미 범주 분류는 기존의 연구를 참고하되 개인적인 관점을 반영하여 분류하였다. 또한 보조용언에 선행하는 연결어미가 무엇이냐에 따라 의미 기능이 완전히 달라지기도 하므로 각각의 보조용언 앞에 이어지는 연결어미를 제시했다. 이에 대한 보조용언의 목록을 제시하면 아래 〈표17〉과 같다.

〈표 17〉 선행연구의 보조용언 총 목록

순번	의미 기능		양상
1	방향·진행		-아/어 가다, -아/어 오다, -아/어 나가다, -고 있다[9](계시다)
2	종결·완료		-고 나다, -아/어 내다, -아/어 버리다, -아/어 먹다, -고 말다, -어 치우다
3	성취		-고(야) 말다
4	봉사·제공		-아/어 주다(드리다), -아/어 바치다
5	시행		-아/어 보다
6	반복		-아/어 쌓다, 대다
7	강조		-아/어 죽다, 빠지다, 터지다
8	당위		-아/어야 되다, -아/어야 하다
9	결과지속		-아/어 놓다, -아/어 두다, -아/어 가지다
10	희망		-고 싶다, -았/었으면 하다, -았/었으면 좋겠다, -었으면 싶다
11	추측		-ㄹ/는/은 듯싶다, -ㄹ/는/은 듯하다, -ㄹ까 싶다, -ㄹ 법하다, -ㄹ까 보다, -는가 보다, -는가 싶다
12	상태		-고 있다[10], -아/어 있다, -어/아 계시다
13	짐작		-아/어 보이다, -게 보이다, -게 생기다
14	의도		-고자 하다, -려고 하다, -ㄹ까 하다, -기로 하다
15	습관		-곤 하다, -아/어 버릇하다
16	가식		-는 체하다, -는 척하다, -는 양하다
17	가치		-ㄹ/을 만하다, -ㅁ/음 직하다
18	가능성[11]		-ㄹ 뻔하다
19	시인		-기는 하다
20	부정	부정	-지 않다
		불능	-지 못하다
		금지	-지 말다
21	사동		-게/도록 만들다, -게/도록 하다
22	피동·변화		-아/어지다[12], -어/어지다2, -게 되다
23	인용		-다고 하다, -라고 하다

2.3. 한국어 보조용언의 판별과 선정

앞서 정리한 보조용언의 총 목록을 살펴보면 보조용언의 문법적 특성에 맞지 않은 표현들이 있다. 본서는 중국인 학습자를 위한 보조용언 교육을 위주로 하는 연구이므로 일정한 문법적 특성을 가진 보조용언을 연구의 대상으로 삼아야 한다. 이에 총 목록에 수록된 모든 표현들을 4가지 판별 기준으로 분석하여 4가지 판별 기준에 모두 적합한 것을 새로운 보조용언 목록에 포함시키고, 그 중에 한 가지라도 적합하지 않을 경우 목록에서 제외시켰다. 판별 기준에 따른 검정결과는 아래 〈표 18〉과 같다.

〈표 18〉 보조용언의 판별

보조용언 / 판별 기준		비자립성	대치 불가 능성	삽입 불가 능성	생략 불가 능성	판별
1	방향·진행	-아/어 가다	○	○	○	○	보조용언
		-아/어 오다	○	○	○	○	보조용언
		-아/어 나가다	○	○	○	○	보조용언
		-고 있다₁	○	○	○	○	보조용언

---

9 진행의 의미를 나타내는 보조용언이다. 예: 나는 지금 공부를 하고 있다.

10 상태의 의미를 나타내는 보조용언이다. 예: 오늘은 빨간 옷을 입고 있네.

11 최명선(2009)에서 이 명칭을 사용했다.

12 '-아/어 지다₁'는 피동의 의미를 나타내는 보조용언이고, '-아/어 지다₂'는 변화의 의미를 나타내는 보조용언이다. 예를 들어, '책상은 망치로 부숴졌다' 중의 '-어 지다'는 피동의 의미를 나타낸다. '영이는 남자친구를 만난 이후 갈수록 예뻐지고 있다' 중의 '-어 지다'는 변화의 의미를 나타낸다.

보조용언		판별 기준	비자립성	대치불가능성	삽입불가능성	생략불가능성	판별
2	종결·완료	-고 나다	○	○	○	○	보조용언
		-아/어 내다	○	○	○	○	보조용언
		-아/어 버리다	○	○	○	○	보조용언
		-아/어 먹다	○	○	○	○	보종용언
		-고 말다	○	○	○	○	보조용언
		-어 치우다	○	○	○	○	보조용언
3	성취	-고(야) 말다	○	○	○	○	보조용언
4	봉사제공	-아/어 주다(드리다)	○	○	○	○	보조용언
		-아/어 바치다	○	○	○	○	보조용언
5	시행	-아/어 보다	○	○	○	○	보조용언
6	반복	-아/어 쌓다	○	○	○	○	보조용언
		-아/어 대다	○	○	○	○	보조용언
7	강조	-아/어 죽다	○	○	○	○	보조용언
		-아/어 빠지다	○	○	○	○	보조용언
		-아/어 터지다	○	○	○	○	보조용언
8	당위	-아/어야 되다	○	○	○	○	보조용언
		-아/어야 하다	○	○	○	○	보조용언
9	결과지속	-아/어 놓다	○	○	○	○	보조용언
		-아/어 두다	○	○	○	○	보조용언
		-아/어 가지다	×	×	×	○	×
10	희망	-고 싶다	○	○	○	○	보조용언
		-았/었으면 하다	×	×	○	○	×
		-았/었으면 좋겠다	×	×	○	○	×
		-었으면 싶다	○	×	○	○	×
11	추측	-ㄹ/는/은 듯싶다	○	○	○	○	보조용언
		-ㄹ/는/은 듯하다	○	○	○	○	보조용언
		-ㄹ까 싶다	○	○	○	○	보조용언
		-ㄹ 법하다	○	○	○	○	보조용언
		-ㄹ까 보다	○	○	○	○	보조용언
		-는가 보다	○	○	○	○	보조용언
		-는가 싶다	○	○	○	○	보종용언

보조용언		판별 기준	비자립성	대치불가능성	삽입불가능성	생략불가능성	판별
12	상태	-고 있다2	○	○	○	○	보조용언
		-아/어 있다(계시다)	○	○	○	○	보조용언
13	짐작	-아/어 보이다	○	○	○	○	보조용언
		-게 보이다	○	○	○	○	보조용언
		-게 생기다	○	○	○	○	보조용언
14	의도	-고자 하다	×	×	×	○	×
		-려고 하다	×	×	×	○	×
		-ㄹ까 하다	×	×	×	○	×
		-기로 하다	×	×	×	○	×
15	습관	-곤 하다	○	○	○	○	보조용언
		-아/어 버릇하다	○	○	○	○	보조용언
16	가식	-는 체하다	○	○	○	○	보조용언
		-는 척하다	○	○	○	○	보조용언
		-는 양하다	○	○	○	○	보조용언
17	가치	-ㄹ/을 만하다	○	○	○	○	보조용언
		-ㅁ/음 직하다	○	○	○	○	보조용언
18	가능성	-ㄹ 뻔하다	○	○	○	○	보조용언
19	시인	-기는 하다	○	×	×	○	×
20	부정	부정 -지 않다	○	○	○	○	보조용언
		불능 -지 못하다	○	○	○	○	보조용언
		금지 -지 말다	○	○	○	○	보조용언
21	사동	-게/도록 만들다	○	×	×	○	×
		-게/도록 하다	○	○	○	○	보조용언
22	피동변화	-아/어지다1	○	○	○	○	보조용언
		-어/어지다2	○	○	○	○	보조용언
		-게 되다	○	○	○	○	보조용언
23	인용	-다고 하다	×	×	×	○	×
		-라고 하다	×	×	×	○	×

위의 〈표 18〉에서 선행연구자들의 다루었던 모든 보조용언을 제시하여 본서에서 세운 판별 기준으로 분석하여 판별했다. 판별 기준에 적합하지 않은 보조용언을 제외하고 본서의 보조용언 목록을 다시 선정했다. 총 20개 의미 분류의 50개 보조용언을 선정했다. 새로 선정된 보조용언 목록을 아래 〈표 19〉와 같다.

〈표 19〉 선정된 한국어 보조용언 목록

보조용언		판별 기준	비자립성	대치불가능성	삽입불가능성	생략불가능성	판별
1	방향·진행	-아/어 가다	○	○	○	○	보조용언
		-아/어 오다	○	○	○	○	보조용언
		-아/어 나가다	○	○	○	○	보조용언
		-고 있다₁	○	○	○	○	보조용언
2	종결·완료	-고 나다	○	○	○	○	보조용언
		-아/어 내다	○	○	○	○	보조용언
		-아/어 버리다	○	○	○	○	보조용언
		-아/어 먹다	○	○	○	○	보종용언
		-고 말다	○	○	○	○	보조용언
		-어 치우다	○	○	○	○	보조용언
3	성취	-고(야) 말다	○	○	○	○	보조용언
4	봉사제공	-아/어 주다(드리다)	○	○	○	○	보조용언
		-아/어 바치다	○	○	○	○	보조용언
5	시행	-아/어 보다	○	○	○	○	보조용언
6	반복	-아/어 쌓다	○	○	○	○	보조용언
		-아/어 대다	○	○	○	○	보조용언
7	강조	-아/어 죽다	○	○	○	○	보조용언
		-아/어 빠지다	○	○	○	○	보조용언
		-아/어 터지다	○	○	○	○	보조용언
8	당위	-아/어야 되다	○	○	○	○	보조용언
		-아/어야 하다	○	○	○	○	보조용언

보조용언		판별 기준	비자립성	대치불가능성	삽입불가능성	생략불가능성	판별
9	결과지속	-아/어 놓다	○	○	○	○	보조용언
		-아/어 두다	○	○	○	○	보조용언
10	희망	-고 싶다	○	○	○	○	보조용언
11	추측	-ㄹ/는/은 듯싶다	○	○	○	○	보조용언
		-ㄹ/는/은 듯하다	○	○	○	○	보조용언
		-ㄹ까 싶다	○	○	○	○	보조용언
		-ㄹ 법하다	○	○	○	○	보조용언
		-ㄹ까 보다	○	○	○	○	보조용언
		-는가 보다	○	○	○	○	보조용언
		-는가 싶다	○	○	○	○	보조용언
12	상태	-고 있다$_2$	○	○	○	○	보조용언
		-아/어 있다(계시다)	○	○	○	○	보조용언
13	짐작	-아/어 보이다	○	○	○	○	보조용언
		-게 보이다	○	○	○	○	보조용언
		-게 생기다	○	○	○	○	보조용언
14	습관	-곤 하다	○	○	○	○	보조용언
		-아/어 버릇하다	○	○	○	○	보조용언
15	가식	-는 체하다	○	○	○	○	보조용언
		-는 척하다	○	○	○	○	보조용언
		-는 양하다	○	○	○	○	보조용언
16	가치	-ㄹ/을 만하다	○	○	○	○	보조용언
		-ㅁ/음 직하다	○	○	○	○	보조용언
17	가능성	-ㄹ 뻔하다	○	○	○	○	보조용언
18	부정 부정	-지 않다	○	○	○	○	보조용언
	불능	-지 못하다	○	○	○	○	보조용언
	금지	-지 말다	○	○	○	○	보조용언
19	사동	-게/도록 하다	○	○	○	○	보조용언
20	피동변화	-아/어 지다$_1$	○	○	○	○	보조용언
		-어/어 지다$_2$	○	○	○	○	보조용언
		-게 되다	○	○	○	○	보조용언

본서에서 선정된 한국어 보조용언은 총 50개이며 이를 의미 기능으로 나누면 모두 20가지이다. 이 중에 방향·진행 보조용언은 4개이며 종결·완료 보조용언은 6개이다. 성취보조용언은 하나이며 봉사·제공 보조용언은 2개이다. 시행보조용언은 하나이며 반복 보조용언은 2개이다. 강조 보조용언은 3개이며 당위 보조용언은 2개이다. 결과지속 보조용언은 2개이며 희망 보조용언은 하나이다. 추측 보조용언은 7개이며 상태 짐작 보조용언은 3개, 습관 보조용언은 2개이다. 가식 보조용언은 3개이며 가치 보조용언은 2개이다. 가능성 보조용언은 하나이며 부정 보조용언은 3개이다. 사동 보조용언은 하나이며 피동변화 보조용언은 3개이다. 본서의 3장에서 선정된 보조용언을 의미 기능별로 제시하면서 중국어와 대응되는 표현을 고찰하겠다.

제3장

한국어 보조용언과 이에
대응되는 중국어 표현의 대조

중국인 학습자를 위한
한국어 보조용언의 교육 연구

　한국어의 보조용언은 일정한 문법범주로서 그 의미에 따라 다양한 하위분류로 나눌 수 있다. 그리고 이 보조용언에 대응되는 각각의 중국어 표현들도 일정한 문법범주에 속하고 있는지의 여부를 확인할 필요가 있으며 그 대응관계에서 어떤 규칙성이 존재하는지 또한 검토할 필요가 있다. 보조용언의 특성상 그 의미나 문법적 특징이 명확하게 드러나지 않아 외국인 학습자가 보조용언을 사용하거나 보조용언이 들어간 문장을 이해하는 데 많은 어려움을 느낀다. 따라서 명확한 문법 대조에 따른 구분과 그 의미 해석이 외국인을 위한 한국어 교육에 가장 필요한 부분이라고 본다. 이에 본 장에서는 이에 목표를 두고 3가지 방면의 연구를 진행하고자 한다.

　첫째, 의미적 대조를 통해 한국어의 각 보조용언에 대응되는 중국어 표현이 일정한 문법범주에 속하고 있는지, 대응관계에 있어서 어떤 규칙성이 있는지를 고찰하고자 한다.

　둘째, 중국어와 일정한 대응관계를 이루지 못한 보조용언들의 상적 의미와 양태적 의미를 분석할 것이다.

　셋째, 한국어의 보조용언 중 상적 의미를 가진 보조용언과 대응되는 중국어의 상 표현을 상적 대조할 것이며 상적 대조 시에는 주로 선행용언의 제약 면에 따른 대조를 통해 그 차이점을 밝히려고 한다.

01

의미적 대조

한국어의 보조용언은 일정한 문법범주로 간주되고 있지만 각 보조용언에 대응되는 중국어 표현 또한 일정한 문법범주로 속하고 있는지는 확인할 필요가 있다. 중국어에서 조동사라는 문법범주는 한국어 보조용언과 같은 문법범주로 생각하기 쉽다. 본 절에서 의미적 대조를 통해 한국어의 각 보조용언이 대응되는 중국어 표현이 일정한 문법범주에 속하고 있는지, 대응관계에 있어서 어떤 규칙성이 있는지를 고찰하고자 한다.

우선 2장 〈표 19〉의 보조용언 목록에 나와 있는 모든 보조용언을 의미 기능으로 분류하여 이에 의미적으로 대응되는 중국어 표현을 고찰할 것이다. 각 보조용언이 쓰인 한국어 예문[13]을 먼저 제시하고 중국어로 번역한 후 대응표현을 고찰하고자 한다. 각 보조용언에 대

---

13 본서에서 제시하고 있는 한국어 예문 대분은 사전에서 추출 되었으며 일부는 신문 및 온라인에서 추출 됨. 예문의 타당성을 확보하기 위해 5명 이상의 한국인 모어 화자의 검토를 받았음.

응되는 중국어 표현은 한 가지가 아닌, 상황에 따라 여러 대응표현이 있을 수 있기 때문에 가능하면 모두 제시하고자 한다.

1.1. 의미 기능의 대응관계 분석

1.1.1 방향·진행 보조용언

'-아/어 가다, -아/어 오다, -아/어 나가다'는 지속과 방향의 의미를 나타내는 보조용언이며 '-고 있다, -고 계시다'는 진행의 의미를 나타내는 보조용언이다. 보조동사 '-아/어 가다'의 의미는 두 가지로 나타난다. 시간적으로는 행위자가 목표나 목적지를 향해 가는 상태의 [변이]로 볼 수 있고, 공간적인 면에서는 장소의 [변이]로 볼 수 있다. 지향점을 향해 행위자가 앞으로 계속 나가다 보면 목적지에 도착하거나 목표 도달을 하게 된다. 따라서 본서는 보조용언 '-아/어 가다'의 기본 의미를 [방향·진행]이라고 본다. '-아/어 오다'와 '-아/어 나가다'의 기본 의미는 '-아/어 가다'와 마찬가지로 어떤 기준점에 가까워지는 [진행]을 의미한다. '-고 있다'와 '-고 계시다'는 '기준점에서의 진행'을 나타내며 사건시의 진행을 나타낼 경우 형용사의 제약이 있다고 보았다. 따라서 본서는 보조동사 '-고 있다', '-고 계시다'의 기본 의미를 [진행]으로 본다. 다음의 예문을 보며 중국어와 대응되는 표현을 살펴보자.

① 보조용언 '-아/어 가다'

   (1) 가. 상황이 점점 어렵게 <u>되어 간다</u>.

       나. 情况<u>越来越</u>复杂。

   (2) 가. 중국 경제는 급속도로 <u>발전해 가고</u> 있다.

       나. 中国经济正在迅速<u>发展下去</u>

   (3) 가. 질투는 의심 속에서 <u>커간다</u>.

       나. 嫉妒在怀疑中<u>变大</u>

(1)에서 '-아/어 가다'에 대응되는 중국어 표현은 부사 '越来越'이다.
(2)에서 '-아/어 가다'에 대응되는 중국어 표현은 방향보어 '下去'이다.
(3)에서 '-아/어 가다'에 대응되는 중국어 표현은 동사 '变'이다. '-아/어
가다'에 대응되는 중국어 표현은 정해져 있지 않고 상황에 따라 다르다.

② 보조용언 '-아/어 오다'

   (4) 가. 힘든 세월을 잘 <u>견뎌 왔어요</u>.

       나. 艰难的岁月很好地<u>坚持下来了</u>。

   (5) 가. 처음부터 당신을 <u>사랑해 왔어요</u>.

       나. 从开始到现在<u>一直</u>爱着你。

(4)에서 '-아/어 오다'에 대응되는 중국어 표현은 방향보어 '下来'
이다. (5)에서 '-아/어 오다'에 대응되는 중국어 표현은 부사 '一直'이

다. '-아/어 오다' 또한 대응되는 중국어 표현이 정해져 있지 않고 상황에 따라 다르다.

③ 보조용언 '-아/어 나가다'

(6) 가. 얇은 책부터 한 권씩 <u>읽어 나가</u>면 어떨까요?
　　 나. 从薄的书开始一本一本地<u>读</u><u>下去</u>怎么样？
(7) 가. 어려워 보이는 일도 열심히 <u>해 나가다</u> 보면 실마리가 풀린다.
　　 나. 看起来很难的事情，如果努力<u>下去</u>的话，也会找到解决的办法。

(6)에서 '-아/어 나가다'에 대응되는 중국어 표현은 방향보어 '下去'이다. (7)에서 '-아/어 나가다'에 대응되는 중국어 표현은 방향보어 '下去'이다.

④ 보조용언 '-고 있다'

(8) 가. 동생은 숙제를 <u>하고 있다</u>.
　　 나. 妹妹<u>正在</u>写作业。
　　 다. 妹妹<u>写着</u>作业。
　　 라. 妹妹写作业<u>呢</u>。
(9) 가. 어머니가 신문을 <u>보고 계신다</u>.
　　 나. 妈妈<u>正在</u>看新闻。

(8)에서 '-고 있다'에 대응되는 중국어 표현은 부사 '正在' 또는 조사 '着'와 '呢'이다. (9)에서는 '고 계시다'에 대응되는 중국어 표현은 부사 '正在'이다.

1.1.2. 종결·완료 보조용언

'-아/어 내다, -아/어 버리다, -아/어 치우다, -아/어 먹다, -고 나다, -고 말다'는 종결과 완료의 의미를 나타내는 보조용언들이다. '-아/어 내다'의 기본 의미는 [완료]이며 이는 어떤 행위가 시작되고 완료되어 완전히 끝났음을 의미한다. 보조동사 '-아/어 버리다'를 최현배(1937)는 [끝남], [종결]'로 보았고 남기심(1982)은 [부담의 제거], [기대의 어긋남]으로 보았으며 손세모돌(1996:189)은 [종결]로 보고 문맥 의미로 [아쉬움과 부담 제거], [종결 강조]로 보았다. 본서에서도 '-아/어 버리다'의 기본 의미를 [완료]로 본다. '-고 말다'는 김영태(1997: 70)에서 '종결상'으로 보고 '종결행위 강조'의 의미로 보았다. 그 이외에 '-고 나다', '-아/어 치우다', '-아/어 먹다'는 사전에서 모두 종결의 의미로 해석되고 있다.

① 보조용언 '-아/어 내다'

(10) 가. 우리는 우리의 힘으로 모든 것을 <u>이루어 냈다</u>.

　　 나. 我們要用我們自己的力量<u>解決掉</u>所有的事情

② 보조용언 '-아/어 버리다'

    (11) 가. 그는 고기를 다 <u>먹어 버렸다</u>.

            나. 他把肉都<u>吃完(掉, 光)了</u>。

  (10)에서 '-아/어 내다'에 대응되는 중국어 표현은 결과보어 '掉'이다. (11)에서 '-아/어 버리다'에 대응되는 중국어 표현은 결과보어 '掉'이나 '光'이다.

③ 보조용언 '-아/어 먹다'

    (12) 가. 그녀는 남편을 노예처럼 부려 먹었다.

            나. 那个女人像对待奴隶一样使唤他的丈夫。

④ 보조용언 '-아/어 치우다'

    (13) 가. 밥 한 그릇을 순식간에 <u>먹어 치웠다</u>.

            나. 一碗饭眨眼之间就<u>吃完了</u>。

⑤ 보조용언 '-고 나다'

    (14) 가. 약을 <u>먹고 나면</u> 좋아질 것이다.

            나. <u>吃完</u>药会好的.

_ 77

⑥ 보조용언 '-고 말다'

    (15) 가. 그와 나는 마주 보고 웃고 말았다.

        나. 他和我对着笑了。

(12)에서 '-아/어 먹다'에 대응되는 중국어 표현은 없다. (13)에서 '-아/어 치우다'에 대응되는 중국어 표현은 결과보어 '完'이다. (14)에서 '-고 나다'에 대응되는 중국어 표현은 결과보어 '完'이다. (15)에서 '-고 말다'에 대응되는 중국어 표현은 없다.

한국어에서 종결의 의미를 나타내는 보조용언들은 중국어에서 대부분 동사 뒤의 결과보어 '完, 光, 掉' 등으로 표현하며 이중에 '-아/어 먹다'는 상황에 따라 대응표현이 없을 때도 있다. '-고 말다'는 확실하게 대응되는 중국어 표현이 없다.

1.1.3. 성취 보조용언

'-고야 말다'는 성취의 의미를 나타내는 보조용언이다.

    (16) 가. 기어코 숙원을 이루고야 말았다.

        나. 非实现宿愿不可。

        다. 我一定要实现愿望。

(16)에서 '-고야 말다'의 중국어에서 대응되는 표현은 고정형식인

'非…不可'나 '一定(부사)+要(능원동사)' 구조이다.

1.1.4. 봉사·제공 보조용언

'-아/어 주다(드리다), -아/어 바치다'는 봉사의 의미를 나타내는 보조용언이다. 보조동사 '-아/어 주다'를 대부분의 기존 연구들은 [봉사]의 의미를 가진다고 보았다. 보조동사 '-아/어 주다(드리다)'의 사전적 의미는 '다른 사람을 위하여 어떠한 행동을 취하는 것을 나타내는 말'이다. 본서에서는 '-아/어 주다(드리다)'의 기본 의미를 [봉사]로 본다. 그리고 보조동사 '-아/어 바치다'는 '-아/어 주다'와 같은 의미이면서 존칭어로 본다. '-아/어 바치다'를 보조동사로 본 사람은 최현배(1937)이며 이외에 거의 대부분 학자들은 보조동사 범주에서 제외하고 있다. 본서에서는 '-아/어 바치다'를 보조용언의 범주에 포함시켰으며 기본 의미를 [제공]으로 본다.

① 보조용언 '-아/어 주다(드리다)'

(17) 가. 어머니가 저에게 생일 선물을 <u>사 주셨어요</u>.

　　 나. 妈妈<u>给我买了</u>生日礼物。

(18) 가. 저는 오늘 선생님에게 카드를 <u>만들어 드렸어요</u>.

　　 나. 我<u>给老师做</u>了卡片。

(17)에서 보조용언 '-아/어 주다'에 대응되는 중국어 표현은 개사

'给'이다. (18)에서는 보조용언 '-아/어 드리다'에 대응되는 중국어 표현도 개사 '给'이다.

② 보조용언 '-아/어 바치다'

(19) 가. 언니가 내 비밀을 엄마에게 일러 바쳤다.
　　　나. 姐姐把我的秘密告诉给妈妈了。

(19)에서 보조용언 '-아/어 바치다'에 대응되는 중국어 표현도 개사(전치사) '给'이다.

1.1.5. 시행 보조용언

'-아/어 보다'는 기존 연구에서 [시행], [경험]의 의미로 보는 견해가 대부분이다. [시행]으로 본 사람은 최현배(1937)을 시작으로, 손세모돌(1994b), 서정수(1996), 김소연(2003) 등이 있다. 본서에서는 대부분 학자들의 견해와 같이 '-아/어 보다'의 기본 의미를 [시행]으로 본다.

(20) 가. 한국 음식을 많이 먹어 봤어요?
　　　나. 你吃过韩国食物吗?
(21) 가. 이 옷을 입어 보세요.
　　　나. 请试试(试一下)这件衣服。

(20)에서 '-아/어 보다'에 대응되는 중국어 표현은 동태조사 '过'이다. (21)에서 '-아/어 보다'에 대응되는 중국어 표현은 동사의 중첩형이나 '동사+동량보어'이다.

1.1.6. 반복 보조용언

'-아/어 쌓다, -아/어 대다'는 [반복]의 의미를 나타내는 보조용언이다. 최현배(1937)에서 보조동사 '쌓다'는 '힘줄도움움직씨(강세보조동사)'라고 했다. 김명희(1984)에서도 [반복], 김미영(1989)에서는 [동작 반복]으로 보았다. 보조동사 '-아/어 쌓다'의 사전적 의미는 '앞말이 뜻하는 행동의 정도가 심하거나 반복함을 나타내는 말'이라고 했다. 본서에서는 [강세]의 의미보다는 [반복]의 의미가 훨씬 많이 내포되어 있다고 판단하여 '-아/어 쌓다'의 기본 의미를 [반복]의 의미로 본다. 그리고 보조동사 '-아/어 대다'의 사전적 의미는 '앞말이 뜻하는 행동의 정도가 심하거나 반복함을 나타내는 말'이다. 따라서 보조동사 '-아/어 쌓다'의 기본 의미를 [반복]으로 본다.

① 보조용언 '-아/어 쌓다'

(22) 가. 아이가 울어 쌓는다.

　　나. 孩子经常哭。

　　다. 孩子總是哭。

　　라. 孩子可勁兒哭。

(22)에서 반복의 의미를 나타내는 보조용언 '-아/어 쌓다'에 대응되는 중국어 표현은 중국어 부사 '總是, 一直, 使勁兒, 經常' 등이다.

② 보조용언 '-아/어 대다'

> (23) 가. 위층 사람들이 <u>떠들어 대</u>는 바람에 나는 한숨도 잘 수가 없었다.
>   나. 楼下的人<u>一直</u>在吵闹，我根本睡不了。
>   다. 楼下的人吵<u>個不停</u>，我根本睡不了。
> (24) 가. 아이들이 깔깔 <u>웃어 댄다</u>.
>   나. 孩子<u>一直</u>笑。

(23), (24)에서 '-아/어 대다'에 대응되는 중국어 표현은 부사 '一直' 또는 '보어' 등이다. 즉 반복 보조용언에 대응하는 중국어 표현이 있지만 이는 상황마다 다르고 확실하지 않으며 일정한 대응관계가 없다고 봐야 한다.

1.1.7. 강조 보조용언

'-아/어 죽다, 빠지다, 터지다'는 [강조]의 의미를 나타내는 보조용언이다.

① 보조용언 '-아/어 죽다'

> (25) 가. 요즘 숙제 때문에 <u>힘들어 죽겠다</u>.

　　나. 最近因为作业的原因，我快要累死了。

② 보조용언 '-아/어 빠지다'

　(26)　가. 그렇게 순해 빠져서 무슨 일을 할 수 있겠니 ?

　　　　나. 那么善良，能做什么事情呢 ?

③ 보조용언 '-아/어 터지다'

　(27)　가. 우리는 당분간 좁아 터진 교실에서 지내야 한다.

　　　　나. 我們暫時要在小得要命的教室裡面生活了。

(25)에서 '-아/어 죽다'에 대응되는 중국어 표현은 결과보어 '死'이다. (26)에서 '-아/어 빠지다'에 대응되는 중국어 표현은 없으며 (27)에서 '-아/어 터지다'에 대응되는 중국어 표현 또한 없다. 강조의 의미를 나타내는 보조용언 중에 '-아/어 죽다' 이외에는 중국어에서 대응되는 표현은 없거나 상황마다 다르다.

1.1.8. 당위 보조용언

'-아/어야 하다, -아/어야 되다'는 [당위]의 의미를 나타내는 보조용언들이다. 보조동사 '-아/어야 하다'에서 본동사 '하다'의 의미는 '의식 또는 무의식적으로 어떤 목적을 위하여 움직이다'라는 의미이다[14]. 따라서 본동사 '하다'의 기본적 의미는 [수행]임을 알 수 있고, 보조동사 '-아/어야 하다'의 기본 의미는 [당위]임을 알 수 있다.

(28) 가. 많이 피곤하면 잘 쉬어야 한다
     나. 如果太累的话, <u>应该(该, 得, 应当)</u> 好好休息。
(29) 가. 학생이면 열심히 공부해야 된다.
     나. <u>学生应该(该, 得, 应当)</u> 努力学习。

(28), (29)에서 '-아/어야 하다'와 '-아/어야 되다'에 대응되는 중국어 표현은 모두 '助動詞(能愿動詞)'인 '应该, 该, 应当, 得' 등이다.

1.1.9. 결과지속 보조용언

'-아/어 두다, -아/어 놓다'는 [보유]의 의미를 나타내는 보조용언이다. 최현배(1937)는 '-아/어 두다'를 [보유]의 의미로 보았고, 손세모돌(1996:175)은 보조동사 '-아/어 두다'의 기본 의미를 [결과 지속]으로 보았으며, 박선옥(2002:122)는 그 기본 의미를 [유지]로 보았다. 보조동사 '-아/어 두다'의 사전적 의미는 '앞말이 뜻하는 행동을 완료하고 유지함을 나타내는 말'이다. 따라서 본서에서는 손세모돌

---

14 표준국어대사전(1999)에서 본동사 '하다'의 의미는 '어떤 분야나 직업에 종사하다, 값이 나가다, 만들거나 되게 하다, 의식 또는 무의식적으로 어떤 목적을 위하여 움직이다, 취하여 갖추거나 장만하다 등'이라고 했다.

(1996)의 관점에 따라 '-아/어 두다'의 기본 의미를 [결과지속]으로
본다. 그리고 손세모돌(1996)은 보조동사 '-아/어 놓다'를 '완결된 동
작의 결과 지속'으로 보았다. 보조동사 '-아/어 놓다'의 사전적 의미
는 '선행동사가 형용사일 때는 앞말이 뜻하는 상태 지속을 강조하는
말이고, 본동사가 행위동사일 때는 앞말이 뜻하는 행동을 끝내고 그
결과를 유지함을 나타내는 말'이라고 하였다. 이에 본서에서는 '-아/
어 놓다'의 기본 의미를 [결과지속]으로 본다.

① 보조용언 '-아/어 두다'

(30) 가. 남은 삼겹살을 냉장고에 넣어 두었다.

나. 把剩下的五花肉放进了冰箱。

(31) 가. 기계는 세워 두면 녹이 슬어요.

나. 机器放着的话会生锈。

(32) 가. 오늘 저녁은 못 먹을 테니 미리 많이 먹어 둬.

나. 今天晚上吃不上饭，所以先多吃点儿。

(30)에서 '아/어 두다'에 대응되는 중국어 표현은 방향보어 '进'이
다. (31)에서 '-아/어 두다'에 대응되는 중국어 표현은 상태조사 '着'
이다. (32)에서 '-아/어 두다'에 대응되는 중국어 표현은 없다.

(33) 가. 이 짐을 올려 놓으세요.

나. 把这个行李放上去。

(34) 가. 보고서를 이미 <u>작성해 놓았</u>지만 언제 제출해야 할지 모르겠다.

　　　나. 報告書已經<u>寫好</u>了，但不知道什麼時候提交。

　(33)에서 '-아/어 놓다'에 대응되는 중국어 표현은 방향보어 '上去' 이다. (34)에서 '-아/어 놓다'에 대응되는 중국어 표현은 결과보어 '好'이다. '-아/어 놓다, -아/어 두다'에 대응되는 중국어 표현은 상황 마다 다르며 일정한 대응 표현이 없다.

1.1.10. 희망 보조용언

　'-고 싶다'는 [희망]의 의미를 나타내는 보조용언이다. 최현배 (1937)이나 양동휘(1978)은 보조형용사 '-고 싶다'를 보조형용사로 독립된 범주로 보았다. 차현실(1984)에서 보조형용사 '싶다'의 기본 의미를 '명제 내용에 갖는 말하는 이의 불확실한 믿음'으로 설정하 고 있다. '-고 싶다'는 화자의 주체 심리를 직접적이고 구체적으로 표현한다.

(35) 가. 방학이 되니 중국에 <u>가고 싶다</u>.

　　　나. 放假了，<u>想</u>回中国。

　(35)에서 한국어 보조용언 '-고 싶다'에 대응되는 중국어 표현은 '조동사(능원동사) 想'이다.

1.1.11-1. 미래추측 보조용언

'-ㄹ/을 듯싶다, -ㄹ까 싶다, -ㄹ/을 듯하다, -ㄹ 법하다'는 미래에
대한 추측의 의미를 나타내는 보조용언이다.

① 보조용언 '-ㄹ/을 듯싶다'

(36) 가. 그가 학교에 갈 듯싶다.

나. 他好象要去学校。

② 보조용언 '-ㄹ까 싶다'

(37) 가. 누가 볼까 싶어 고개를 푹 숙였다.

나. 担心/怕别人看到，把头低下了。

③ 보조용언 '-ㄹ/을 듯하다'

(38) 가. 오늘은 좋은 일이 있을 듯하다.

나. 今天好象有好事。

④ 보조용언 '-ㄹ/을 법하다'

(39) 가. 그 사람이 이미 와 있을 법하다.

나. 那个人像是(好象)已经来了。

(36)에서 '-ㄹ/을 듯싶다'에 대응되는 중국어 표현은 부사 '好象'이
다. (37)에서 '-ㄹ까 싶다'에 대응되는 중국어 표현은 동사 '担心'이나
'怕'이다. (38)에서 '-ㄹ/을 듯하다'에 대응되는 중국어 표현은 부사
'好象'이다. 또한 (39)에서 '-ㄹ/을 법하다'에 대응되는 중국어 표현은
부사 '好象'이나 '부사像+是'이다.

1.1.11-2. 지속추측 보조용언

'-는 듯싶다, -는가 보다, -는가 싶다, -는 듯하다'는 [지속 추측]의
의미를 나타내는 보조용언이다.

① 보조용언 '-는 듯싶다'

(40) 가. 그녀가 좋아하는 듯싶어 나는 그 꽃을 샀다.
　　　　나. 那个女人好像很喜欢的样子，我就买了那支花。

② 보조용언 '-는가 보다'

(41) 가. 선생님이 오는가 보다.
　　　　나. 老师好象来了。

③ 보조용언 '-는가 싶다'

(42) 가. 내가 실수를 해서 그가 나를 싫어<u>하는 가싶다</u>.

나. 因为我做错了事情，所以他<u>好像</u>讨厌我。

④ 보조용언 '-는 듯하다'

(43) 가. 지금 이 나라는 겉보기에는 발전<u>하는 듯하지만</u> 실상은 그렇지 않다.

나. 这个国家表面看起来<u>好象</u>在发展，实际上不是如此。

(40), (41), (42), (43)에서 보조용언 '-는 듯싶다, -는가 보다, -는가 싶다, -는 듯하다'에 대응되는 중국어 표현은 모두 부사 '好象'이다.

1.1.11-3. 완료추측 보조용언

'-은 듯싶다, -은 듯하다'는 [완료 추측]의 의미를 나타내는 보조용언이다.

① 보조용언 '-은 듯싶다'

(44) 가. 그의 표정을 보니 내가 <u>실수한 듯싶었다</u>.

나. 看他的表情就知道，我<u>好象</u>做错了。

② 보조용언 '-은 듯하다'

(45) 가. 문제가 조금 어려운 듯하다.
　　 나. 问题看起来好像有点难。

(44), (45)에서 '-은 듯싶다, -은 듯하다'에 대응되는 중국어 표현은 모두 부사 '好象'이다.

1.1.12. 상태 지속의 보조용언

'-고 있다, -아/어 있다(계시다)'는 상태를 나타내는 보조용언이다. 보조형용사 '있다'의 어휘적 의미는 '말이 뜻하는 변화나 행동이 끝난 뒤 그 상태가 계속되는 것을 나타내는 말'이다. 본서에서는 보조형용사 '-아/어 있다'의 기본 의미를 '상태 지속'의 의미로 본다.

① 보조용언 '-고 있다'

(46) 가. 그녀가 빨간 옷을 입고 있었다.
　　 나. 那个女孩穿着红色的衣服。

② 보조용언 '-아/어 있다(계시다)'

(47) 가. 여자 친구가 교실에 앉아 있다.

　　　　　나.　女朋友在教室里<u>坐着</u>。

　　(48)　가.　선생님은 지금 중국에 <u>가 계세요</u>.

　　　　　나.　老师现在去中国了。

(46)에서 '-고 있다'에 대응되는 중국어 표현은 조사 '着'이다. (47)에서 '-아/어 있다'에 대응되는 중국어 표현은 상태조사 '着'이다. (48)에서 '-아/어 계시다'에 대응되는 중국어 표현은 없다. '-아/어 있다(계시다)'에 대응되는 중국어 표현은 대부분 상태조사 '着'이지만 상황에 따라 대응되는 표현이 없을 수도 있다.

1.1.13. 짐작 보조용언

'-아/어 보이다, -게 보이다, -게 생기다'는 [짐작]의 의미를 나타내는 보조용언이다.

① 보조용언 '-아/어 보이다'

　　(49)　가.　어머니는 이 옷을 입을 때 <u>예뻐 보여요</u>.

　　　　　나.　妈妈穿这件衣服<u>看起来</u>很漂亮。

② 보조용언 '-게 보이다'

　　(50)　가.　이 두 사람은 비슷<u>하게 보여요</u>.

　　　　나. 这两个人<u>看起来</u>差不多。

③ 보조용언 '-게 생기다'

　　(51) 가. 이러다가는 우리 모두 다 <u>죽게 생겼다</u>.

　　　　나. 這樣下去我們所有的人都<u>要死了</u>。

　　(52) 가. 이번 학기에는 바쁘<u>게 생겼다</u>.

　　　　나. 這個學期<u>看起來會</u>很忙。

　　(49), (50), (51)에서 '-아/어 보이다, -게 보이다, -게 생기다'에 대응되는 중국어 표현은 동사 '동사看+방향보어起来'이다. (52)에서 '-게 생기다'에 대응되는 중국어 표현은 조동사 '要'이나 '동사看+방향보어起来'이다.

1.1.14. 습관 보조용언

　　'-곤 하다, -아/어 버릇하다'는 한국어에서 [습관]의 의미를 나타내는 보조용언이다.

① 보조용언 '-곤 하다'

　　(53) 가. 동생이 문을 두드리<u>곤 했다</u>.

　　　　나. 弟弟<u>有時候會</u>敲門。

(54) 가. 나는 지난 일을 기억하곤 했다.

　　나. 我偶尔记起过去的事情。

(53)에서 '-곤 하다'에 대응되는 중국어 표현은 부사'有时侯'이다. (54)에서 '-곤 하다'에 대응되는 중국어 표현은 부사'偶尔'이다.

② 보조용언 '-아/어 버릇하다'

(55) 가. 항상 택시만 타 버릇하면 버스 타기가 싫어진다.

　　나. 養成經常坐出租車的習慣的話，會不願意做公交車。

(56) 가. 근무 시간에 자 버릇해서 업무 실적이 좋지 않았다.

　　나. 工作时间养成了睡觉的习惯，业绩不好。

　　다. 工作时间總是睡觉，业绩不好。

(55), (56)에서 '-아/어 버릇하다'에 대응되는 중국어 표현은 '부사 總是'이나 고정短語 '养成…习惯'이다.

1.1.15. 가식 보조용언

'-는 체하다, -는 척하다. -는 양하다'는 가식적인 의미를 나타내는 보조용언이다.

① 보조용언 '-는 체하다'

(57) 가. 그는 일절 관여하지 않고 이 일을 짐짓 모르<u>는 체한다</u>.

　　　나. 他什么事都与自己无关, <u>装作</u>不知道。

② 보조용언 '-는 척하다'

(58) 가. 아이가 <u>자는 척하고</u> 있다.

　　　나. 小孩子在装睡。

③ 보조용언 '-는 양하다'

(59) 가. 그 사람은 아무것도 모르<u>는 양하며</u> 시치미를 뗐다.

　　　나. 他<u>装作</u>什么都不知道的样子, 伴装不知。

(57), (58), (59)에서 '-는 체하다, -는 척하다, -는 양하다'에 대등되는 중국어 표현은 동사 '装作'이다.

1.1.16. 가능성 보조용언

'-ㄹ/을 뻔하다'는 선행어가 뜻하는 상황이 실제 일어나지는 않았지만 그럴 가능성이 매우 높았음을 나타내는 보조용언이다.

(60) 가. 시험에 떨어질 뻔했다.

　　 나. 考试差点儿没及格。

(60)에서 한국어의 '-ㄹ/을 뻔하다'에 대응되는 중국어 표현은 부사 '差点儿'이다.

1.1.17. 가치 보조용언

'-ㄹ/을 만하다, -ㅁ/음 직하다'는 [가치]의 의미를 나타내는 보조용언이다.

(61) 가. 이 영화는 정말 볼 만하다.

　　 나. 这个电影值得一看。

(62) 가. 그는 믿음 직한 사람이니 걱정하지 마.

　　 나. 他是一個值得信任的人，不用擔心。

(61), (62)에서 '-ㄹ/을 만하다, -ㅁ/음 직하다'에 대응되는 중국어 표현은 대부분 경우에 助動詞(能願動詞) '值得'이다.

1.1.18-1. 부정 보조용언

'-지 않다'는 '부정'의 의미를 나타내는 보조용언이다.

(63) 가. 그 사람은 성격이 나빠서 친구가 <u>많지 않다</u>.

　　　나. 那个人性格不好，<u>没有朋友</u>。

(64) 가. 오늘은 일요일이라서 수업을 <u>하지 않았다</u>.

　　　나. 今天星期天，<u>不上</u>课。

(63), (64)에서 '-지 않다/아니하다'에 대응되는 중국어 표현은 '不'와 '没'이다.

1.1.18-2. 불능 보조용언

'-지 못하다'는 불가능한 의미를 나타내는 보조용언이다.

(65) 가. 비가 와서 소풍을 <u>가지 못했어요</u>.

　　　나. 下雨了，<u>没能去郊游</u>。

(66) 가. 바빠서 모임에 <u>가지 못할</u> 것 같다.

　　　나. 因为没时间，所以<u>不能去</u>参加聚會了。

(65), (66)에서 한국어의 '-지 못하다'에 대응되는 중국어 표현은 '不能', '没能'로 나타나는데 시제에 따라 다르게 표현한다.

1.1.18-3. 금지 보조용언

'-지 말다'는 명령문과 청유문의 부정으로 쓰이는 보조용언이다.

(67) 가. 제 말을 절대로 잊지 마세요.

　　나. 請一定<u>不要</u>忘記我的話。

(68) 가. 저만 믿고 걱정하지 마세요.

　　나. 請相信我, <u>不要(別)</u> 擔心。

(67), (68)에서 '오지 말기'에 대응되는 중국어는 '別(不要)来'이다. 그리고 '-지 말다'에 대응되는 중국어 표현은 '別(不要)'이라는 것을 알 수 있다. 중국어에서 '別'와 '不要'는 모두 부사로 보고 있다.

1.1.19. 사동 보조용언

'-게/도록 하다'는 통사적 사동문을 구성해 주는 보조용언이다.

(69) 가. 학교에서는 학생들에게 교복을 반드시 <u>입게 하였다</u>.

　　나. 學校<u>讓</u>學生必須穿校服。

(70) 가. 이 시험을 반드시 통과<u>하도록 해라</u>.

　　나. 一定要<u>讓</u>這次考試順利通過。

(69), (70)에서 '-게 하다'에 대응되는 중국어 표현은 동사 '讓'이다.

1.1.20. 피동/변화 보조용언

보조용언 '-아/어지다, -게 되다'는 용언의 어기에 연결하여 '피동'

_ 97

의 의미를 나타낸다. 보조용언 중에서 문법화가 가장 활발하게 일어나고 있는 것이 보조동사 '-아/어지다'이다. 최현배(1937)에서 '-아/어지다'를 '피동'으로 본 이후 손세모돌(1996:252), 호광수(2003:233)에서는 '변화'의 의미로 보았다. 보조동사 '-아/어지다'의 사전적 의미는 '남의 힘에 의하여 앞말이 뜻하는 행동을 입음을 나타낸다.'이다. 이에 본서에서는 '-아/어지다'를 앞의 본용언에 따라 피동과 변화의 두 가지 의미를 가진다고 본다. 앞의 본용언이 동사일 때 피동의 의미를 나타내고, 앞의 본용언이 형용사일 때 변화의 의미를 나타낸다.

① 보조용언 '-아/어지다'

(71) 가. 파도가 바위에 부딪쳐 <u>부서졌다</u>.

나. 波濤打在岩石上<u>被擊碎</u>。

(72) 가. 그의 오해가 영희에 의해 비로소 <u>풀어졌다</u>.

나. 他的误会<u>被</u>英姬解开了。

(73) 가. 종이가 <u>찢어졌다</u>.

나. 纸<u>被撕了</u>。

(74) 가. 우유가 <u>쏟아졌다</u>.

나. 牛奶洒了。

(71), (72), (73)에서 '-아/어지다'에 대응되는 중국어 표현은 피동문을 만들어 주는 개사(전치사) '被'이다. (74)에서 '-아/어지다'에 대

응되는 중국어 표현은 '무표지 피동[15]'이다.

   (75) 가. 영이는 남자친구를 만난 이후 갈수록 <u>예뻐지고 있다</u>.

        나. 颖遇到男朋友后<u>变/越来越漂亮了</u>。

   (76) 가. 날씨가 점점 <u>추워졌어요</u>.

        나. 天气<u>越来越冷了</u>。

  (75), (76)에서 '-아/어지다'의 본용언이 형용사일 때 중국어에서 대응되는 표현은 부사 '越来越'이다.

  ② 보조용언 '-게 되다'

   (77) 가. 나는 우리반에서 반장을 <u>맡게 되었다</u>.

        나. 我<u>被选为</u>我们班班长。

   (78) 가. 남편의 폭력 때문에 순희가 고향을 <u>떠나게 되었다</u>.

        나. 因为丈夫的暴力，顺姬离开了故乡。

  (77)에서 '-게 되다'에 대응되는 중국어 표현은 개사 '被'이다. (78)에서 '-게 되다'에 대응되는 중국어 표현은 없다.

---

15 최영(2007)에서는 중국어의 '무표지' 피동을 처음으로 소개를 했다. 피동성을 가지고 있는 일반 동사에 의해서 '무표지' 피동문이 이루어진다.

1.2. 의미 기능의 대응관계 결과

지금까지 의미 기능별로 나눈 보조용언에 대해 각각 대응되는 중국어 표현을 살펴보았다. 한국어의 보조용언에 대응되는 중국어 표현의 문법 범주는 각각 다를 뿐만 아니라 체계화되어 있지 않다. 즉 대응되는 중국어 표현의 문법 범주는 조동사, 결과보어, 동량보어, 동사, 조사, 부사, 개사, 고정표현 등 다양하다.

한국어 보조용언과 이에 대응되는 중국어 문법 범주를 정리하면 〈표 20〉과 같다.

〈표 20〉 한국어 보조용언과 이에 대응되는 중국어 표현의 문법 범주

순번	한국어 보조용언		중국어 문법범주	
	의미 기능	형태	대응되는 문법범주	형태
1	방향 진행	-아/어 가다	?[16]	渐渐, 变, 下去 등
		-아/어 오다	?	一直, 下来 등
		-아/어 나가다	방향보어	下去 등
		-고 있다(계시다)	부사 /조사	在, 正在, 着, 呢 등
2	종결	-고 나다 -아/어 내다 -아/어 버리다 -아/어 먹다 -아/어 치우다	결과보어	光, 完, 掉 등
		-고 말다	?	?
3	성취	-고야 말다	고정표현	非...不可 등
4	봉사	-아/어 주다(드리다) -아/어 바치다	개사	给 등

순번	한국어 보조용언		중국어 문법범주	
	의미 기능	형태	대응되는 문법범주	형태
5	시행	-아/어 보다	동태조사	过
			동량보어	동사 + 一下
			사중첩형	동사중첩형
6	반복	-아/어 쌓다 -아/어 대다	?	总是, 经常, 一直, 使勁兒, 동량보어 등
7	강조	-아/어 빠지다	?	?
		-아/어 터지다	?	?
		-아/어 죽다	결과보어	死
8	당위	-아/어야 되다 -아/어야 하다	조동사	应该, 应当, 应, 得
9	보유	-아/어 놓다 -아/어 두다	?	進, 著, 好, 完, 下來 등
10	희망	-고 싶다	조동사	想
11	추측	미래추측	-ㄹ/을 듯싶다	부사	好象
			-ㄹ까 보다 -ㄹ까 싶다	동사	担心/恐怕
			-ㄹ/을 듯하다	중국어 부사	好象
			-ㄹ/을 법하다	고정표현	像是, 应该是
		지속추측	-는 듯싶다 -는가 보다 -는가 싶다 -는 듯하다	부사	好象
		완료추측	-은 듯싶다 -은 듯하다	부사	好象
12	상태	-고 있다	조사	着
		-어/아 있다(계시다)	조사	着

순번	한국어 보조용언		중국어 문법범주	
	의미 기능	형태	대등되는 문법범주	형태
13	짐작	-아/어 보이다 -게 보이다 -게 생기다	동사	看起来
14	습관	-곤 하다	부사	有時, 偶爾, 经常 등
		-아/어 버릇하다	고정표현	養成...習慣 등
15	가식	-는 체하다 -는 척하다 -는 양하다	동사	装, 装作
16	가능성	-ㄹ/을 뻔하다	부사	差点儿
17	가치	-ㄹ/을 만하다 -음 직하다	동사	值得
18	부정	부정	-지 않다(아니하다)	부정부사	不, 没
		불능	-지 못하다		不能, 没能
		금지	-지 말다		不要, 别
19	사동	-게/도록 하다	동사	弄, 让
20	피동·변화	-아/어 지다₁	개사	被
		-아/어 지다₂	부사	越来越 등
		-게 되다	개사	被 등

위에서 정리한 내용을 살펴보면 한국어 보조용언과 중국어의 문법범주 간에는 일정한 대응관계가 없다. 한국어의 보조용언에 대응되는 중국어 표현의 문법 범주는 각각 다르고 체계화되어 있지 않다. 즉 대응되는 중국어 표현의 문법 범주는 조동사, 결과보어, 동량보어, 동사, 조사, 부사, 개사, 고정표현 등 다양하다. 한편으로는 중국어에서 확실한 대응표현을 찾기 어려운 보조용언들도 있고 대응 표

---

16 '?'는 일정한 대응관계가 없는 표시

현은 있으나 상황에 따라 다르게 표현하고 일정한 대응표현이 없는
보조용언도 있다. 즉 한국어의 보조용언을 중국어와 대응시킬 때 문
법적으로 대응되는 보조용언이 있고, 어휘적으로 대응되는 것도 있
으며, 일정한 대응표현이 없는 보조용언도 있다.

1.2.1. 문법적 대응

한국어의 '당위', '희망'의 보조용언은 중국어의 조동사와 대응
되며, '부정', '불능', '금지'의 보조용언은 중국어의 부정부사와 대
응된다. 그리고 한국어 '종결' 보조용언과 '시행' 보조용언은 중국
어의 '보어', '종결' 보조용언은 '결과보어'와 대응되며, '시행' 보조
용언 '보다'는 '동량보어'와 대응된다. 한국어의 '피동', '사동' 보조
용언은 중국어의 '피동', '사동' 표현과 대응된다. 중국어의 '조동
사', '보어', '부정표현', '피동', '사동표현'은 문법적 성격이 더 강하
기 때문에 본서에서는 이런 문법범주와 대응되는 관계들을 문법적
대응이라고 보았다. 구체적인 대응관계를 정리하면 아래 〈표21〉과
같다.

〈표 21〉 문법적 대응관계를 가진 보조용언

순번	중국어의 문법범주	보조용언의 의미 기능	보조용언의 형태
1	조동사	당위	-아/어야 되다, -아/어야 하다
		희망	-고 싶다
2	부정부사	부정	-지 않다/아니하다
		불능	-지 못하다
		금지	-지 말다
3	피동	피동	-아/어 지다, -게 되다
4	사동	사동	-게/도록 하다
5	보어	진행	-아/어 나가다
		완료	-고 나다, -아/어 내다, -아/어 버리다, -아/어 먹다, -아/어 치우다, -아/어 죽다
		시행	-아/어보다

1.2.2. 어휘적 대응

한국어의 일부분 '진행' 보조용언과 '추측' 보조용언은 중국어의 '부사'와 대응된다. 그리고 일부분 '상태' 보조용언, '추측' 보조용언과 '시행' 보조요언은 중국어 '동태조사'나 '어기조사'와 대응된다. 한국어 '봉사' 보조용언은 중국어의 '개사'와 대응되며 일부분 '추측', '짐작', '가식', '가치' 보조용언은 중국어의 개별 동사 어휘와 대응됨을 알 수 있다. 구체적인 대응관계를 정리하면 아래 〈표 22〉와 같다.

〈표 22〉 어휘적 대응관계를 가진 보조용언

순번	중국어의 문법범주	보조용언의 형태
1	부사	-고 있다[17](계시다), -ㄹ/을 듯싶다, -ㄹ/을 듯하다, -는 듯싶다, -는가 보다, -는가 싶다, -는 듯하다, -은 듯싶다, -은 듯하다, -ㄹ/를 뻔하다, -아/어 지다, -곤 하다
2	동사	-ㄹ까 보다, -ㄹ까 싶다, -아/어 보이다, -게 보이다, -게 생기다, -는 체하다, -는 척하다, -는 양하다, -ㄹ/을 만하다, -ㅁ/음 직하다
3	조사	-고 있다₂, -아/어 보다, -아/어 있다(계시다)
4	개사	-아/어 주다(드리다), -아/어 바치다
5	고정표현	-고야 말다, -ㄹ/을 법하다, -아/어 버릇하다

1.2.3. 일정한 대응관계 없음

한국어의 일부분의 '진행', '반복', '강조', '보유' 보조용언은 중국어와 일정하게 대응되는 표현이 없다.

〈표 23〉 대응관계 없는 보조용언

중국어의 문법범주	의미 기능	보조용언의 형태
일정한 대응 표현 없음	진행	-아/어 가다, -아/어 오다
	종결	-고 말다
	반복	-아/어 쌓다, -아/어 대다
	강조	-아/어 빠지다, -아/어 제치다
	보유	-아/어 놓다, 두다

---

17 여기의 '-고 있다'는 진행의 의미를 가지는 보조용언을 가리킨다.

02

중국어와 대응관계 없는 보조용언의 의미 분석

3.1에서 한국어 보조용언과 중국어와의 의미적 대응관계를 살펴보고 분석했다. 그 결과 대부분 한국어의 보조용언은 대응되는 중국어 표현이 명확하고 일정한 대응관계가 있으나 이중에 대응표현이 명확하지 않고 일정한 대응관계가 없는 보조용언들은 아래 〈표 24〉와 같다.

〈표 24〉 중국어와 대응관계 없는 보조용언

의미별 구분	보조용언
진행	-아/어 가다, -아/어 오다
종결	-고 말다
반복	-아/어 쌓다, -아/어 대다
강조	-아/어 빠지다, -아/어 터지다
보유	-아/어 놓다, -아/어 두다

위의 표에서 제시한 보조용언은 중국어에서 대응되는 표현이 없

으므로 중국인 학습자들이 이 보조용언들을 이해하는 데 어려움이 많을 것이다. 그리하여 위의 보조용언들을 중국인 학습자들에게 교육할 때 그 의미를 정확하게 전달하는 것이 중요하다. 위와 같은 보조용언들이 문장에서 나올 때는 분명히 화자의 인식이나 심리적 태도를 반영하는 상적 의미나 양태적 의미를 가지고 있을 것이라고 주장한다. 그 상적 의미와 양태적 의미를 정확하게 밝혀야 중국인 학습자에게 교육시 이해력을 향상 시킬 수 있을 것이다. 본장에서는 이 보조용언들안에 숨겨져 있는 상적 의미와 양태적 의미를 밝히려고 한다.

2.1. 진행 보조용언의 의미 분석

진행 보조용언 중에 '-아/어 가다, -아/어 오다'는 중국어에서 명확하게 대응되는 표현이 없다. 이 보조용언들이 문장에서 나타내는 상적 의미와 양태적 의미를 분석할 필요가 있다.

2.1.1. 보조용언 '-아/어 가다'의 의미 분석

1) 상적 의미

박선옥(2002)에서 본동사 '가다'의 기본 의미를 '변이'로 설명했다. 손세모돌(1996)은 '지향점이 있는 지속'으로 보았다. 이와 같이 연구자들마다 본동사 '가다'의 의미를 다르게 제시했다. 본동사 '가

_ 107

다'의 사전적 의미[18]는 '물건이나 권리 따위가 누구에게 옮겨지다, 한 곳에서 다른 곳으로 장소를 이동한다, 관심이나 눈길 따위가 쏠리다'이다. 이처럼 본동사 '가다'의 의미는 행위자의 이동에서부터 눈길의 이동, 물건의 이동, 상태 변화 유지 등으로 의미가 점점 추상화되어진다는 것을 알 수 있다. 보조용언 '-아/어 가다'의 의미는 시간적으로 상태의 '변이'로 볼 수 있다. 따라서 본서는 보조용언 '-아/어 가다'의 기본 의미를 '시간지향적 변이'로 보며 상적의미와 양태적 의미를 모두 나타낸다고 본다.

① [+진행]

최현배(1937)를 비롯하여 이기동(1977), 고영근(1993), 손세모돌(1996), 박선옥(2002) 등은 보조동사 '-아/어 가다'를 상 의미로 보았다. 이기동(1997)에서는 보조동사 '-아/어 가다'가 선행용언이 동사이면 '진행상'을 나타내며 형용사이면 예상되는 상태에서 벗어나는 '상태의 변화'를 나타낸다고 정의하고 있다. 다음의 보조용언 '-아/어 가다'가 [진행]의 의미를 나타내는지 살펴보자.

(78) 다행히 장사가 잘돼 개업할 때 진 빚도 다 갚아 간다.

幸好生意兴隆，开业时欠的债都快还上了。

(79) 아저씨가 풀을 다 뽑아 간다.

叔叔快要拔完草了。

---

18 본서에서 말하는 사전적 의미는 『표준국어대사전』(1999)에서 제시하는 의미이다.

(78)에서 '행위자가 개업할 때 빚 진 것을 다 갚는 것'이 목표라면, 행위자는 그 목표를 위해 아직 진행되고 있음을 나타낸다. (79)에서 '아저씨가 풀을 다 뽑는 것이' 목표라면 처음 출발점에서 밭에는 풀이 많았고 행위자인 아저씨의 의무는 이 풀을 다 뽑아야 하는 것이기 때문에 목표점에는 밭에 풀이 없어야 한다. 즉 행위자에 의해 풀을 다 뽑혀야 하는 목표점을 향해 '진행상'의 의미를 나타내고 있는 것을 알 수 있다.

시간적인 기준점으로 보조용언 '-아/어 가다'를 보면 목표를 향해 가는 과거에서 미래로의 진행을 나타낸다. 공간적으로 보면 목표점에 가까워질수록 출발점에서는 멀어진다. 그래서 목표점을 향해 변화가 '진행'되면서 목표점에 도달하게 된다는 상적인 의미를 가지고 있다. 심리동사에 의해 보조동사 '-아/어 가다'가 '진행의 정도성'을 나타내는 예문을 살펴보자.

(80) 책을 다 읽어 간다.

　　　書要讀完了。

(81) 나도 이제 남편의 중요성을 점점 알아 간다.

　　　我現在越來越感受到丈夫的重要性了。

(80), (81)에서 본동사는 심리동사인 '읽다', '알다'와 같이 그 자체가 '정도성'의 의미를 가지고 있어 넓은 의미에서 보면 이런 동사자체가 [진행]의 상적 의미를 가지고 있다고 볼 수 있다. (80)에서 '책을 다 읽어 가는 것'은 책을 처음부터 조금씩 읽으며 끝까지 읽어가는

과정을 '-아/어 가다'로 나타낸다. (81)에서 '나도 이제 남편의 필요
성을 점점 알아가는 것'은 남편의 중요성에 대해 모르는 상태에서
점점 필요성에 대한 인식의 정도가 높아지고 있다. 보조용언 '-아/어
가다'는 '진행의 정도성'을 나타내 주는 의미 자질을 가지고 있다고
볼 수 있다.

보조동사 '-아/어 가다'가 점진성 부사나 양태부사와 공기하면 [진
행]의 의미를 더욱 분명하게 나타낸다.

> (82) 오랫동안 묵혀 두었던 일들이 (점점/조금씩) 해결되어 간다.
>
> 拖了很久的事情正在一點點解決。
>
> (83) 오랫동안 묵혀 두었던 일들이 잘 해결되어 간다.
>
> 拖了很久的事情要被妥善解決了。

(82)에서 점진성을 가진 부사 '점점/조금씩'과 공기하여 '오랫동안
묵혀 두었던 일들이 해결되는 것'이 진행되어 간다는 것을 명확하게
나타내고 있다. (83)에서 양태부사 '잘'과 공기하여 '오랫동안 묵혀
두었던 일들이 해결되는 것'이 분명하게 잘 해결되어 간다는 [진행]
의 의미를 나타낸다.

② [+상태 변화 지속]

보조용언 '-아/어 가다'는 선행하는 상태동사와 결합하여 [+상태
변화 지속]의 의미를 나타낸다.

(84) 동생이 요즘 몸이 점점 말라 간다.

　　弟弟最近身体越来越瘦了。

(85) 꽃이 시들어 간다.

　　花渐渐凋谢了。

(84)에서 본용언은 형용사중 주로 변화의 자질을 가진 것과 결합이 가능하다. 그 원인은 보조동사 '-아/어 가다'에 의해 항상 형용사의 의미를 변화시키고 있기 때문이다. (84)에서 '동생이 요즘 몸이 말라 가는 것'은 시간이 갈수록 '상태 변화가 지속' 됨을 나타낸다. (85)에서 '꽃이 시들어 가는 것' 도 '상태 변화가 지속 되고 있음'을 의미한다. 여기서 선행 형용사 자체가 상태의 자질과 속성을 가지고 있어서 보조동사 '-아/어 가다'와 결합하면 '상태 변화 지속'의 의미를 나타낸다.

보조동사 '-아/어 가다'가 본용언 형용사, 점진부사나 정도부사와 공기하면 '상태 변화 지속'의 의미를 더욱 분명하게 드러낸다. 다음의 예문을 살펴보자.

(86) 할머니께서 점점 늙어 가신다.

　　奶奶渐渐变老了。

(87)*할머니께서 잘 늙어 가신다.

(86)에서 보조동사 '-아/어 가다'는 단순한 지속이 아니다. '할머니께서 늙어 가는 것'이 점진성을 가진 '점점'과 결합되어 '더욱 늙어

가는 모습'이 '상태 변화 지속'을 드러낸다. 그러나 (87)에서 '할머니께서 늙어 가는 모습'이 양태부사 '잘'과 공기 하지 못한다는 것을 알 수 있다. 이것은 선행하는 상태동사가 어떤 성질이나 상태를 가지고 있어 양태부사 '잘'과 의미 충돌을 일으키기 때문이다. 따라서 보조용언 '-아/어 가다'가 선행 상태동사와 결합할 때는 점진성을 가진 부사와의 공기가 자연스럽다. 그 이유는 보조동사 '-아/어 가다'가 선행용언인 상태동사의 상태가 변화하는 과정을 나타내면서 점진부사와 공기하여 더욱 확실하게 '상태 변화 지속'의 의미를 드러내기 때문이다.

2) 양태적 의미

김지은(1998:35)에서는 양태 용언을 크게 화자 중심의 양태 용언과 주어 중심의 양태 용언으로 나누어 살핀 바 있다. 다음에 '-아/어 가다'의 양태 의미를 살펴보자.

① [+긍정적 평가]

화자는 서술하는 내용에 대하여 [+긍정적 평가]를 나타내는 것이다.

(88) 내 동생은 반등수가 학기마다 올라 간다.

我弟弟的名次每个学期都在提高。

(89) 경제가 점점 회복되어 간다.

经济在恢复。

(88)에서의 '반등수가 올라가는 것'과 (89)에서의 '경기가 점점 회복되어 가는 것'은 화자가 서술하는 내용에 대하여 바람직하다고 인식하는 것이다. (88)에서 선행동사 '오르다'는 이동 자동사이고 보조동사 '-아/어 가다'와의 결합으로 화자의 [+긍정적 평가]를 하고 있다. (89)에서 '경기가 회복되어 가는 것'은 화자가 원하는 바이기 때문에 자연스러운 문장이 성립된다. 따라서 보조동사 '-아/어 가다'는 화자가 바람직하다고 판단하여 [+긍정적 평가]를 하고 있는 것을 알 수 있다.

② [-긍정적 평가]

화자는 서술하는 내용에 대하여 [+긍정적 평가]만을 나타내는 것은 아니다. [-긍정적 평가]를 나타내기도 한다.

(90) 꽃이 다 시들어 간다.

花都凋谢了。

(91) 나무가 죽어 간다.

树渐渐死了。

(90)에서 서술하는 내용에 대해 화자는 [-긍정적 평가] 바라지 않고, 바람직하지 않다고 판단하고 있음을 알 수 있다. 즉 '꽃이 점점 시들어 간다'의 의미는 '꽃이 펴야 하는데 점점 시들어 간다'로 화자는 비교적 바람직하지 않다고 판단했기 때문에 보조동사 '-어 가다'와 결합하였다.

(91)에서 '나무가 죽어 가는 것'에 대해서도 화자는 덜 바람직하다고 평가하고 있다. 즉 화자는 서술하는 내용에 대해 [-긍정적 평가]를 하고 있는 것을 알 수 있다.

2.1.2. 보조용언 '-아/어 오다'의 의미 분석

본동사 '오다'의 사전 의미는 '어떤 사람이 말하는 사람 혹은 기준이 되는 사람이 있는 쪽으로 움직여 위치를 옮기다'이다. 즉 '오다'의 기본 의미는 '이동'이라고 해석할 수 있다. 보조동사 '-아/어 오다'의 사전적 의미는 '앞말의 뜻하는 상태나 행동이 화자 또는 화자가 정하는 기준점으로 가까워지면서 지속적으로 진행됨을 나타낸다'이다.

본서는 '-아/어 오다'의 기본 의미는 '-아/어 가다'와 마찬가지로 '지향적 변이'로 본다. '지향적 변이'는 보조동사 '-아/어 오다'에 의해 기준점과 가까워지는 '진행'을 의미한다.

1) 상적 의미

최현배(1937), 이기동(1977), 박선옥(2002:98) 등은 '-아/어 오다'의 상적 특성을 의미론적 차원에서 다루었다. 본서에서는 보조동사 '-아/어 오다'를 도달할 목표점을 지향하는 [+진행]과 [+상태 변화 지속]의 의미를 나타낸다고 본다.

① [+진행]

아래의 예문을 통해 '-아/어 오다'가 쓰인 구문에서 '진행'의 의미를 살펴보자.

(92) 그는 이 직장에서 30년이나 일해 왔다.

他在單位里30年來一直這樣工作着。

(93) 그는 지금까지 아픔을 잘 견뎌 왔다.

他一直到現在一直克服着痛苦。

(92)에서는 '그가 30년 전부터 지금까지 계속 일하고 있다'라는 '진행상'의 의미를 나타낸다. (93)에서는 '지금까지 아픔을 견뎌 왔다'라는 '진행상'의 의미를 드러낸다. 즉 '진행상'의 의미는 '어떤 시간을 기준으로 시간적인 목표점을 가지고 있다' 이다.

② [+상태변화 지속]

보조용언 '-아/어 오다'가 쓰인 문장에서 본동사가 형용사일 경우 보조동사 '-아/어 오다'에 의해 '상태변화 지속'의 의미를 나타낸다.

(94) 날이 서서히 밝아 온다.

天漸漸亮了。

(95) 밤이 어두워 온다.

夜越來越暗了。

(94)에서 '날이 밝아 오는 것'은 갑자기 어두운 상태에서 밝은 상태로 변하는 것이 아니고 보조동사 '-아/어 오다'에 의해 밝아 오는

과정과 상태 변화의 의미를 나타낸다. (95)에서 '밤이 어두워 온다'
도 보조동사 '-아/어 오다'와 결합하여 어두운 상태가 변화되는 과정
을 나타낸다. 즉 '-아/어 오다'는 '상태 변화 지속'의 의미를 나타내
며 '-아/어 오다'의 선행동사가 변화의 자질을 가지는 형용사이면 결
합이 대부분 가능하다.

2) 양태적 의미

보조용언 '-아/어 오다'는 양태 의미를 드러나지 않는다고 본다.
그러나 화용상의 맥락에서 본동사의 동사나 주어의 종류에 따라
화자의 위치, 목표점과 지향점을 예상할 수 있다. 다음 예문을 살펴
보자.

(96) 날이 점점 밝아 온다.

天越來越亮了。

(96)에서 본동사가 형용사 '밝다'인데 보조동사 '-아/어 오다'와 결
합하면 자연스럽다. 이때 보조동사 '-아/어 오다'는 상적 의미만 드
러나고 양태적 의미는 드러나지 않는다. 왜냐하면 보조동사 현재를
기준으로 '-아/어 오다'의 기준점은 어느 기준점에서 또는 과거를 기
준으로 하여 현재까지를 나타내기 때문에 '진행, 상태변화 지속'의
상적 의미만 나타난다.

2.2. 종결 보조용언의 의미 분석

2.2.1. 보조용언 '-고 말다'의 의미 분석

본동사 '말다'의 사전적 의미는 '할 일을 그만 두다'이다. 보조동사 '말다'의 사전적 의미는 '일을 이루어 낸 데 대하여 부정적이고 아쉬운 느낌 또는 긍정적인 생각이 있음을 나타낸다, 앞말이 뜻하는 행동이 마침내 실현됨을 나타내는 말'이라고 하고 있다. 본서는 보조동사 '-고 말다'의 기본 의미를 [완료]로 보고, 본동사 '말다'의 기본 의미를 '중단'으로 본다.

1) 상적 의미
① [+종결]
본서에서는 보조동사 '-고 말다'의 기본 의미는 '완료'이다. 보조동사로 쓰일 때 [+종결]의 상적 의미를 나타낸다. 다음 예를 살펴보자.

(97) 그와 나는 마주 보고 웃고 말았다.
他和我互相看着笑了。
(98) 조카가 남은 밥을 다 먹고 말았다.
侄子把剩下的饭都吃掉了。

(97)에서 '그와 내가 마주 보고 웃은 행위'가 보조 동사 '-고 말다'

에 의해 '서로 얼굴을 보고 웃었다'라는 '종결'의 의미를 나타낸다. 이때 화자의 태도까지 '종결'되었음을 나타낸다. (98)에서는 '조카가 남은 밥을 다 먹었다는 행위'가 보조동사 '-고 말다'에 의해 '종결'되었음을 알 수 있다. 이 때 화자의 태도까지 '종결'되었음을 나타낸다.

2) 양태적 의미
① [+긍정적 평가], [-긍정적 평가]

보조동사 '-고 말다'를 사용한 구문은 화용적 맥락에서 화자가 명제 내용에 대해 [+긍정적 평가]와 [-긍정적 평가]의 의미를 모두 나타낼 수 있음을 알려준다.

(99) 기차가 부산으로 떠나고 말았다.

火车离开去釜山了。

(99)에서는 중의적 해석이 가능하다. 화자가 '기차가 부산으로 떠나지 않기를 바라고 있었는데 기차가 떠나 버렸으면' 화자가 [-긍정적 평가]를 하여 [실망] 또는 '아쉬움'의 의미를 나타낸다. 그러나 화자가 '기차가 부산으로 떠나기를 기다렸으면' 이는 [+긍정적 평가]를 하여 [부담 제거]의 의미를 드러난다.

2.3. 보유 보조용언의 의미 분석

2.3.1. 보조용언 '-아/어 두다'의 의미 분석

본동사 '두다'의 사전적 의미는 '어떤 상황이나 상태 속에 놓다, 일정한 곳에 놓다'이다. 보조동사 '-아/어 두다'의 사전적 의미는 '앞말이 뜻하는 행동을 종료하고 그 결과를 유지함'을 나타내는 말이다. 주로 앞말의 행동이 어떤 다른 일에 대비하기 위한 것임을 보일 때 쓰는 경우가 많다. 손세모돌(1996:175)에서 보조동사 '-아/어 두다'의 기본의미는 [결과지속], 박선옥(2002:122)에서는 그 기본 의미를 [유지]로 보았다. 본서에서는 최현배(1937)의 관점에 따라 그의 기본 의미를 [보유]로 보았다.

1) 상적 의미
① [+결과 지속]
보조용언 '-아/어 두다'는 [결과 지속]의 상적 의미를 나타낸다. 아래의 예문을 살펴보자.

> (100) 선생님은 학생들의 이름을 하나하나 기억해 두었다.
>
> 老師把每個學生的名字都記下了。
>
> (101) 오늘 저녁은 못 먹을 테니 미리 많이 먹어 둬.
>
> 今天晚上吃不了飯，都多吃點。
>
> (102)*꽃이 매일 피어 두었다.

(100)에서 본동사 '기억하다'는 단순한 결과일 뿐 보조용언 '-아/어 두다'와 결합하여 [결과 지속]의 의미를 드러낸다. (101)에서는 '먹는 행위'가 보조용언 '-아/어 두다'와 결합하여 '먹고 나서 계속 유지하다'라는 의미를 나타낸다. 즉 '결과 지속상' 의미를 드러내는 것이다. (102)에서 본동사 '피다'는 자동사이고 문장의 행위주가 [-유정물]이며 보조동사 '-아/어 두다'와 결합하면 비문법적이 된다. 그 이유는 보조동사 '-아/어 두다'는 '지속'의 의미를 행위주가 [+유정물]일 때만 나타낼 수 있기 때문이다.

또한, 보조용언 '-아/어 두다'는 '긴 시간의 지속'의 의미를 나타낸다. 예를 살펴보자.

(103) 편지를 써 둔 지가 오래되었지만 아직 부치지 않았다.
       信已經寫好很長時間了，但是還沒寄出去。

(103)에서는 '편지를 쓴 지 오래되었다'고 하였는데 본동사 '쓰다' 뒤의 보조동사 '-아/어 두다'를 붙였다. 이 보조동사 '-아/어 두다'는 '긴 시간의 지속'의 의미를 드러낸다.

2) 양태적 의미
① [+미리 준비]
보조동사 '-아/어 두다'는 대부분 학자들이 [미리 준비], [대비]의 양태 의미를 가지고 있다고 본다. 본서는 [미리 준비]로 본다.

(104) 내일 경기를 위해 잘 먹고 잘 쉬어 둬라.

　　　為了明天的比賽，好好吃好好休息。

(105) 내일 시험을 위해 일찍 자 둬.

　　　為了明天的考試早點睡。

(104)에서는 본동사 '쉬다'가 보조동사 '-아/어 두다'에 의해 내일 경기를 위해 미리 준비한다는 의미가 두드러지게 나타난다. (105)도 마찬가지로 본동사 '자다'가 보조동사 '-아/어 두다'에 의해 [미리 준비]의 의미가 나타난다. 따라서 '-아/어 두다'는 [+미리 준비]의 양태적 의미를 가지고 있다 본다.

② [+긍정적 평가]

보조동사 '-아/어 두다'는 화자의 판단에 의해 [+긍정적 평가] 의미를 나타낸다. 예를 살펴보자.

(106) 내 친구는 어렸을 때부터 저축을 많이 해 두었다.

　　　我的朋友從小就開始攢了很多錢。

(106)에서는 '-아/어 두다'를 사용함으로서 '화자는 내 친구가 저축을 많이 한 것'에 대해 [+긍정적 평가를 하고 있다는 것을 알 수 있다. 즉 행위주인 내 친구가 미래를 위해 꾸준히 돈을 모으고 있었고 화자는 [+긍정적 평가를 하여 '만족함'의 의미를 드러내고 있다. 따라서 보조동사 '-아/어 두다'는 [+긍정적 평가의 의미를 나타낸다.

2.3.2. 보조용언 '-아/어 놓다' 의미 분석

본동사 '놓다'의 사전적 의미는 '손으로 무엇을 잡거나 쥐거나 누르고 있는 상태에서 힘을 빼거나 손을 펴서 잡고 있던 물건을 손 밖으로 빠져나가게 하다'라고 하고 있다. 본서에서는 본동사 '놓다'의 기본 의미를 '두다'와 마찬가지로 [보유]로 본다. 보조동사 '-아/어 놓다'의 사전적 의미는 '본동사가 행위동사일 때 앞말이 뜻하는 행동을 끝내고 그 결과를 유지함을 나타내는 말이고, 본동사가 형용사일 때 앞말이 뜻하는 상태의 지속을 강조하는 말이다'라고 하고 있다. 본서에서는 보조동사 '-아/어 놓다'의 기본 의미는 '보유'로 본다.

1) 상적 의미

보조동사 '-아/어 놓다'를 [보유]로 본 사람은 최현배(1937)이다. [상태 유지]로 본 견해는 이관규(1986), 손세모돌(1994), 박선옥(2002) 등이 있으며 [종결완료]로 보는 사람은 박덕유(2007)이다. 박선옥(2002)에서는 보조동사 '두다'와 '놓다'의 기본 의미를 [유지]로 보았으며 본동사의 행위 완료 후의 상태 지속 상 의미를 가진다고 했다. 또한, '놓다'는 '두다'에 비하여 짧은 시간의 지속이이라고 했다. 박덕유(2007)에서 '-어 두다'와 '-어 놓다'는 미리 대비함으로써 든든함을 갖는데 '-어 놓다'는 '-어 두다'보다 선택적 제약을 받는다고 했다. 본서에서 보조동사 '-아/어 놓다'의 의미는 [결과지속]으로 본다.

① [+결과지속]

보조동사 '-아/어 놓다'의 상적 의미는 '결과지속'을 나타낸다. 다음의 예문을 살펴보자.

(107) 보고서는 이미 작성해 놓았지만 언제 제출해야 할지 모르겠다.

报告书已经写好了，但还不知道什么时候交。

(108) 더우니 문을 열어 놓아라.

太热了，把门打开吧。

(107)에서는 '작성하다'라는 행위가 이미 완료되었음을 알 수 있다. 보조동사 '-아/어 놓다'와 결합하여 그 결과가 지속됨을 알 수가 있다. 그래서 보조동사 '-아/어 놓다'는 [결과지속]의 의미가 드러난다. 또한 단순한 동작의 결과가 지속된 것이 아니라 화자의 심리태도까지 지속됨을 나타낸다. (108)에서는 '열다'라는 행위가 완료되면 문이 열리는 상태로 되고 그 상태가 지속되기를 바라는 화자의 태도를 나타내기 위해 보조동사 '-아/어 놓다'를 사용해서 표현을 했다. 따라서 보조동사 '-어/어 놓다'는 '결과지속'의 의미를 나타낸다.

2) 양태적 의미

① [+미리준비]

보조동사 '-아/어 놓다'는 '-아/어 두다'와 같이 [+미리준비]의 양태적 의미를 가지고 있다. 예문을 살펴보자.

(109) 건강을 유지하기 위해 보약을 먹어 놓았다.

为了健康吃了补药。

(110) 오늘 수업을 못한다고 이미 조교에게 전화를 해 놓았다.

给助教打电话了说今天不能上课了。

(109)에서 '보약을 먹는 행위'는 건강을 유지하기 위한 것이었다. 건강을 유지하기 위해 미리 준비한다는 의미가 있는데 그것을 보조동사 '-아/어 놓다'에 의해 나타냈다. 즉 '미리준비'한다는 의미 자질을 보조동사 '-아/어 놓다'가 가지고 있는 것으로 볼 수 있다. (110)에서는 '수업을 못한다고 조교에게 전화를 하는 행위'는 보조동사 '-아/어 놓다'에 의해 다른 일을 위해 미리 준비한다는 의미를 드러낸다. 따라서 보조동사 '-아/어 놓다'는 [+미리준비]라는 양태적 의미를 가지고 있다.

② [+긍정적 평가]

보조동사 '-아/어 놓다'가 쓰인 구문은 보통 화자의 [+긍정적 평가]를 나타낸다. (109)에서는 선행동사 '먹다'가 보조동사 '-아/어 놓다'와 결합한다. 즉 보조동사에 의해 화자는 건강 유지를 위해 보약을 먹고 준비해 두는 것에 대한 [+긍정적 평가]를 하고 있다. (110)에서 본동사 '하다'는 보조동사에 의해 화자가 '전화를 하는 일'이 미래를 생각해서 한 올바른 행동임을 알 수 있다. 따라서 보조동사 '-아/어 놓다'는 [+긍정적 평가]의 의미를 나타낸다.

2.4. 반복 보조용언의 의미 분석

2.4.1. 보조용언 '-아/어 쌓다'의 의미 분석

최현배(1977:403)에서 보조동사 '쌓다'는 힘줄 도움움직씨라고 했다. 다른 말로 하면 강세 보조동사라고 해석할 수 있다. 이관규(1986: 56)에서는 '강세, 강세의 비유적 용법'과 어느 정도 부정적 평가의 의미를 가지고 있다고 보았다. 본동사 '-쌓다'의 사전적 의미는 '다수의 물건을 겹겹이 포개어 얹어 놓다'라고 하고 있다. 보조동사 '-아/어 쌓다'의 사전적 의미는 '앞말이 뜻하는 행동의 정도가 심하거나 반복함을 나타내는 말'이라고 하고 있다. 보조동사 '-아/어 쌓다'의 기본 의미는 [반복]의 의미를 가진다.

1) 상적 의미
① [+연속 반복]
보조동사 '-아/어 쌓다'를 [반복]으로 본 이금희(1996:75)에서는 이를 '반복적인 행동이나 지속'을 나타낸다고 보았다. 본서에서는 보조동사 '-아/어 쌓다'의 의미를 '행동의 지속상'으로 본다. 그리고 시간 부사어나 빈도 부사어와 공기하면 '연속 반복상' 즉 [반복]의 의미가 더욱 분명하게 드러낸다. 다음의 예를 살펴보자.

(111) 엄마가 떠난 후 그 아이가 계속 울어 쌓는다.

　　　媽媽離開后那個小孩總是哭。

(111)에서 '그 아이가 우는 행동'은 보조동사 '-아/어 쌓다'와의 결합의 의해 '행동의 지속상'을 나타낸다. 그리고 부사어 '계속'과 공기하여 '연속 반복'의 의미를 더욱 뚜렷하게 드러낸다.

2) 양태적 의미
① [+강세]

많은 기존 연구들은 보조동사 '-아/어 쌓다'를 [강세]의 의미로 보고 있다. 본서도 '-아/어 쌓다'가 [+강세]의 양태적 의미를 나타낸다고 본다. 아래 예문을 살펴보자.

> (112) 우리 할아버지는 매일 술만 마셔 쌓는다.
>
> 　　　我爷爷每天只喝酒。
>
> (113) 그렇게 동생을 놀려 쌓으면 못 쓴다.
>
> 　　　这样耍弄弟弟是不可以的。

(112)에서 '우리 할아버지가 술만 마시는 행위'가 보조동사 '-아/어 쌓다'와 결합하여 어떤 강조의 의미를 나타낸다. 보조동사 '-아/어 쌓다'와 시간부사어 '매일'과 공기하여 술 마시는 행위가 더욱 [강세]로 나타난다. (113)에서 '동생을 놀리는 행위'가 '-아/어 쌓다'에 의해 더욱 '강세'의 의미를 나타낸다. 그래서 '-아/어 쌓다'는 [+강세]라는 양태적 의미를 가진다고 볼 수 있다.

② [+정도 심함]

보조동사 '-아/어 쌓다'의 또 하나의 양태적 의미는 '정도가 심한 것을' 나타낸다. 다음 예를 살펴보자.

(114) 너는 왜 하루종일 짜증을 내 쌓냐?

你为什么一整天发火。

(115) 너는 이렇게 놀아 쌓아 걱정이다.

你总是这么玩，真让人担心。

(114)에서는 '짜증을 내는 행위'가 보조동사 '-아/어 쌓다'에 의해 반복되어 '정도가 심함'을 나타낸다. (115)에서는 본동사 '놀다'에서 노는 행위가 '-아/어 쌓다'에 의해 반복되어 정도가 심함을 드러낸다.

③ [+긍정적 평가], [-긍정적 평가]

보조동사 '-아/어 쌓다'에 의해 맥락에 따라 화자의 [+긍정적 평가와 [-긍정적 평가를 나타낸다.

(116) 림림이가 춤을 잘도 추어 쌓는다.

琳琳跳舞跳得很好。

(116)에서는 '림림이가 춤을 잘 추는 행위'가 어떤 정도를 지나쳐 [-긍정적 평가], 즉 '비하'의 화용론적 의미를 나타낼 수 있다. 반대로 보면 만약에 '림림이가' 어떤 귀여운 꼬마이면 '림림이가 춤을 잘도

추는 행위'는 화자에게 [+긍정적 평가]일 수도 있다. 즉 화용적 맥락에서 화자가 [+긍정적 평가]를 나타낼 때는 '칭찬'의 의미를 [-긍정적 평가]를 나타낼 때는 '비하'의 의미를 가진다.

2.4.2. 보조용언 '-아/어 대다'의 의미 분석

본동사 '-아/어 대다'의 사전적 의미는 '정해진 시간에 닿거나 맞추다', '어떤 것을 목표로 삼거나 향하다'라고 하고 있다. 그래서 본동사 '대다'의 기본 의미는 [접촉]이다. 보조동사 '-아/어 대다'의 사전적 의미는 '앞말이 뜻하는 행동의 정도가 심하거나 반복함을 나타내는 말'이라고 하고 있다. 따라서 본서는 보조동사 '-아/어 쌓다'의 기본 의미를 [반복]으로 본다.

1) 상적 의미
① [+연속 반복]

권순구(2005)에서는 상 의미를 갖는 용언 가운데 미완료의 의미를 갖는 보조용언 중에 '대다'와 '쌓다'는 '반복'의 의미를 갖는다고 했다. 본서는 보조용언 '-아/어 대다'가 [+연속 반복]의 상적 의미를 갖는다고 본다.

(117) 그는 습관적으로 다리를 떨어 대었다.

　　　 他习惯性的抖腿。

(118) 위층 사람들이 떠들어 대는 바람에 나는 한숨도 잘 수가 없었다.

楼上的人太吵了，我一点都没睡。

(119) 엄마는 동생에게 옷을 입혀 댄다.

妈妈给弟弟穿衣服。

(117)에서 '그는 습관적으로 다리를 떠는 행위'에 대해 보조동사 '-아/어 대다'는 '연속 반복상', 즉 [반복]의 의미가 나타내고 있다. (118)에서는 '떠들다'라는 행위는 보조동사 '-아/어 대다'에 의해 [반복]의 의미와 [행위 지속]의 의미를 나타낸다. (119)에서 본동사는 사동형동사 '입히다'이며, [반복]의 의미를 나타내는 보조동사 '-아/어 대다'와 결합할 때 자연스럽다.

다음의 정도가 강한 부사어와 공기하여 '연속 반복상'의 의미를 더욱 강하게 나타낸다.

(120) 그는 동생을 매일 놀려 댄다.

他每天耍弄弟弟。

(120)에서는 '그는 동생을 매일 놀려 댄다'에서 시간부사어 '매일'과 공기하여 '행위 지속상', 즉 [반복]의 의미를 분명하게 드러낸다.

2) 양태적 의미
① [+강세]

보조동사 '-아/어 대다'를 [강세]로 본 사람은 최현배(1971), 이관규(1986) 등이 있다. 본서에서는 보조동사 '-아/어 대다'를 화자의 심리 태도에 의해 [강세]의 의미를 나타낸다고 본다.

(121) 위층 사람들이 방에서 떠들어 댄다.
　　　楼上的人在房间里吵闹。

(121)에서 본동사 '떠들다' 자체가 [반복]의 의미를 가지고 있다. 그러나 보조동사 '-아/어 대다'와 결합하여 [반복]에 의해 [강세]의 의미가 드러난다. 이런 경우에는 [강세]에 의하여 [반복]의 의미가 일어나는 것은 아니다.

② [+정도 심함]

강세 의미에서 지속적인 동작과 행위의 반복은 화자의 판단에서 '정도의 심함'으로 표현된다. 이런 경우에는 강한 정도 부사어와 결합이 가능하지만 정도가 약함을 나타내는 부사어와 결합하면 비문이 되거나 부자연스러운 문장이 된다.

(122) 동생이 배가 아파 {마구/ *조금} 울어 댄다.
　　　弟弟肚子疼，一直哭。

(122)에서 '동생이 배가 아파 울어 댄다'는 양태부사 '마구'와 공기하여 더욱 '정도가 심함'을 화자는 말해주고 있다. 그러나 정도부사 '조금'과 공기하면 비문이 된다. 그 이유는 정도가 약함을 나타내는 정도부사와 보조동사 '-아/어 대다'와 서로 의미 충돌이 일어나기 때문이다. 따라서 보조동사 '-아/어 대다'는 [+정도가 심함]이라는 양

태 의미를 가지고 있다는 것을 알 수 있다.

③ [+긍정적 평가], [-긍정적 평가]

일반적으로 보조용언 '-아/어 대다'가 들어가는 문장은 화자의 [-긍정적 평가]의 의미를 가진다. 그러나 상황에 따라 발화 내용에 대하여 [+긍정적 평가]를 할 때도 있다. 다음의 예문을 살펴보자.

(123) 그 개는 큰 소리로 짖어 댄다.

那个狗大声叫。

(123)에서는 행위 자동사 '짖다'와 보조동사 '-아/어 대다'의 결합이 문법적이다. 개가 큰 소리로 짖는 행위가 집을 지키기 위한 것이면 화자의 입장에서는 [+긍정적 평가]를 할 수 있다. 그러나 그 개는 주인한테도 큰 소리로 짖는다면 화자의 [-긍정적 평가]를 할 수도 있다. 따라서 보조용언 '-아/어 대다'는 화자의 심리태도에 따라 [+긍정적 평가]일 수도 있고 [-긍정적 평가]일 수도 있다.

2.5. 강조 보조용언의 의미 분석

2.5.1. 보조용언 '-아/어 빠지다'의 의미 분석

본동사 '빠지다'의 사전적 의미는 '물이나 구덩이 따위 속으로 떨어져 잠기거나 잠겨 들어가다', '곤란한 처지에 놓이다', '그럴듯한 말이나 꾐에 속아 넘어가다', '잠이나 혼수상태에 들게 되다'라는 뜻으로 해석되어 있다. '-아/어 빠지다'를 보조용언으로 본 사람은 이기동(1976), 김명희(1984), 이관규(1986), 박선옥(2002) 등이 있다. 보조동사 '-어/어 빠지다'의 사전적 의미는 '앞말의 성질이나 상태가 아주 심한 것을 못마땅하게 여김을 나타내는 말'이라고 해석되어 있다. '-아/어 빠지다'는 주로 양태 의미를 나타내며 선행동사의 성질이나 상태에 대하여 화자의 '부정적인 가치 평가'와 [강조]의 의미를 나타낸다. 본서는 보조동사 '-아/어 빠지'의 기본 의미를 [강조]로 본다.

1) 양태적 의미
① [+강조]

'-아/어 빠지'를 양태 의미를 가진 것으로 본 사람은 박선옥(2002)이다. 박선옥(2002)에서는 이의 양태적 의미를 [+강세]와 [-긍정적 평가]라고 설명하고 있다. 다음의 예문을 살펴보자.

  (124) 그렇게 착해 빠져서 무슨 일을 할 수 있겠니?
     那么善良能作什么事？
  (125) 이 기계는 낡아 빠져서 더 이상 못 쓰겠다.
     这个机器太旧了，不能再用了。

(124)에서 본동사 '착하다'는 주어의 성질에 대한 단순한 기술이다. 그러나 보조동사 '-아/어 빠지다'와 결합하면 '착한 정도'가 심한

것을 나타낸다. (125)에서의 본동사 '낡다'는 주어의 상태에 대한 단순한 기술이다. 그러나 '-아/어 빠지다'로 인해 '낡다'는 정도가 훨씬 심한 것을 나타낸다. 때문에 '-아/어 빠지다'는 [+강조]의 양태적 의미를 가진다고 할 수 있다.

② [-긍정적 평가]

또한, (124)에서 '착하다'는 주어의 상태성질에 대한 단순한 기술이고, 보조동사 '-아/어 빠지다'와 결합하면 '주어의 착한 성질'에 대하여 화자의 마음에 들지 않고 좋지 않게 평가하는 [-긍정적 평가]의 의미를 드러난다. (125)또한 마찬가지로 '-아/어 빠지다'로 인해 화자가 주어의 '낡은 상태'에 대하여 부정적 평가를 하고 있다는 의미를 드러난다. 때문에 '-아/어 빠지다'는 [-긍정적 가치 평가]의 양태적 의미도 가진다고 할 수 있다.

2.6. 보조용언 의미 분석 결과

본 절에서는 중국어와 일정한 대응관계가 없는 보조용언들에 대해서 의미 분석을 했다. 주로 상적 의미와 양태적 의미의 두 방면에서 분석하였고 이를 정리하면 아래 〈표 25〉와 같다.

〈표 25〉 중국어와 대응관계 없는 보조용언의 의미

의미별 구분	보조용언	의미 유형	의미해석
진행	-아／어 가다	상적 의미	[+진행], [+상태변화 지속]
		양태적 의미	[+긍정적 평가], [-긍정적 평가]
	-아／어 오다	상적 의미	[+진행], [+상태변화 지속]
		양태적 의미	-
종결	-고 말다	상적 의미	[+종결]
		양태적 의미	[+긍정적 평가], [-긍정적 평가]
강조	-아/어 빠지다	상적 의미	-
		양태적 의미	[+강조], [-긍정적 평가]
보유	-아／어 놓다	상적 의미	[+결과지속]
		양태적 의미	[+미리준비], [+긍정적 평가]
	-아/어 두다	상적 의미	[+결과지속]
		양태적 의미	[+미리준비], [+긍정적 평가]
반복	-아/어 쌓다	상적 의미	[+연속 반복]
		양태적 의미	[+강세], [+정도 심함], [+긍정적 평가], [-긍정적 평가]
	-아/어 대다	상적 의미	[+연속 반복]
		양태적 의미	[+강세], [+정도 심함], [+긍정적 평가], [-긍정적 평가]

03

상적 의미 대조

 그 동안 많은 논의에서 한국어의 상은 보조용언과 관련이 있다고 연구되어 왔다. 특히 김성화(1991)는 국어의 보조용언들이 상 해석에 어떻게 체계적으로 관여하는지를 보여주는 대표적인 논의이다. 이호승 (2001)에서는 주로 '-고 있-', '-어 오-'를 미완료상으로 구분하고 '-어 두-'와 '-어 버리-'는 '완료상'으로 구분했다. 이처럼 상에 대한 논의에서 상 의미를 보조용언에 의하여 해석하려는 시도들을 확인할 수 있다.
 상을 구체적으로 나타내는 방법과 종류가 언어에 따라 다르고 다양하게 실현된다. 중국어에서는 상의 의미를 주로 부사 '在', 보어 '起来', 시태조사 '了, 着, 过' 등으로 표현한다.

3.1. 한국어 보조용언의 상적 의미

박덕유(1998:27)에서 상은 사건의 전개과정에서 동적 상황이 나타내는 움직임의 모습을 문법범주화한 것이라고 했다. 한국어에서는 보조적 연결어미와 보조용언의 결합에 의해 상의 의미를 표현하고 있다. 한국어 상의 의미를 갖는 '본용언+보조용언'의 형태는 '-어 있다, -고 있다, -어 치우다, -어 내다, -어 버리다, -어 놓다, -고 말다, -어 나다, -어 두다' 등이 있다[19].

<표 26> 상의 분류 (박덕유, 1998)

상의 분류		보조용언
완료상		'-고 있$_2$[20] -', '-어 있-', '-어 버리-', '-어 내-', '-어 치우-', '-어 나-', '-어 두-', '-어 놓-', '-고 말-'
미완료상	진행	'-고 있$_1$[21] -', '-어 오-', '-어 가-'
	반복	'-곤 하-', '-어 대-', '-어 쌓-'
	예정	'-게 되-', '-려고 하-'

3.2. 중국어의 상적 의미

중국어 상에 대한 연구는 상당히 늦게 출발했다. 1997년에 戴耀晶의 『현대한어 시체계통 연구』가 출판되고 나서야 비로소 중국내 상 문제에 대한 전문 저서가 최초로 출판되었다. 戴耀晶(1997:29-31)은 현대 중국어 상 체계를 수립하기 위하여 '상의 의미를 표현하는 형

---

19 박덕유(2007:192)를 참조.
20 결과지속상, 예: 오늘 빨간 옷을 입고 있다$_2$.
21 진행상, 예: 밥을 먹고 있다$_1$.

태적 형식'에 착안함으로써 주요 분류 2가지 밑에 세부 분류 6가지
가 더해진 체계를 서술했다. 이를 아래와 같은 표로 정리한다.

〈표 27〉 戴耀晶(1997)의 상 체계

외부 관찰법: 완전상	내부 관찰법:비완전상
실현상: 了	지속상: 着
경험상: 過	기시상: 起來
잠시상: 동사의 중첩	계속상: 下去

Yang(1995)의 중국어 상 체계에 대한 이론은 비교적 간략하다. 주
로 다음과 같은 견해를 논증했다. '來着'와 '要'는 충분히 문법화 되
지 않은 즉 상대시제 표지이며, '起來'와 '下去'는 상황의 초점을 바꾸
는 '초-어휘범주의 대응인 표지(super-lexical marker)'로 동사의 중
첩은 상황을 봉쇄시켜 경계를 설정하는 수단으로 보았다. 따라서 진
정한 표지는 4개뿐이며 이 내용은 다음 〈표 28〉과 같다.

〈표 28〉 Yang(1995)의 중국어 '상 표지' 체계

구분	예시	상세 설명
완전상 표지	了	어떤 상황이 하나의 전체로 출현함을 강조한다. 하지만 그 상황에 종점을 부여하지는 않는다.
비완전상 표지	過	어떤 상황을 하나의 전체로 파악할 하고 그 상황에 종점도 부여한다.
	在	진행상 표지
	着	상황의 정태성을 드러내는 비완전적 관점상.

陳前瑞(2008)는 중국어 상 체계에 대한 현 연구 수준을 대표한다. 그는 선행 연구자들의 연구를 이론적 바탕으로 삼고 자신의 연구와 사색을 더하여 '중국어 4개 층위의 상 체계'를 제시했다.

〈표 29〉 陳前瑞(2008)의 중국어 4개 층위의 상 체계

구분	상체계	예시
핵심 관점상	비완전상	접미사 着
	완전상	접미사 了
주변 관점상	진행상	부사 正, 正在, 在 조사 呢 등
	완료상	문미 '了' 접미사: '過, 來着' 등
단계상	기시상	보어 起來
	연속상	보어 성격의 下來, 下去
	완결상	보어 성격의 '完, 好, 過'
	결과상	보어 성격의 '到, 着, 见'
	잠시상	동사의 중첩 说说
	반복상	반복적 중첩 说说笑笑
상황상	상태상황	知道, 是
	활동상황	跑, 玩, 唱歌
	완수상황	创造, 建造
	성취상황	死, 赢

3.3. 한국어와 중국어의 상범주 대조

한국어에서 상의 의미를 갖는 '본용언+보조용언'의 형태는 '-어 있다, -고 있다, -어 버리다, -어 내다, -어 나다, -어 치우다, -어 놓다,

-어 두다, -고 말다' 등이 있다. 이에 대응되는 중국어의 상은 완료상
'了, 過, 着'와 진행상 '在'이다. 한국어 보조용언 '-어 버리다'가 대응
되는 중국어는 결과보어 '掉'이며 이는 중국어에서 대부분 상 표지
로 간주하지 않지만 본서는 한국어 교육의 목적으로 '掉'도 상의 범
주로 포함시켜 한국어 보조용언 '-어 버리다'와 대조분석을 하고자
한다. 한국어와 중국어 상 표지의 대조 상황은 아래 〈표 30〉과 같다.

〈표 30〉 한국어 보조용언 상 표지와 중국어 상 표지의 대조

구분	한국어 상표지	중국어 상표지
완료상	'-고 있$_2$-', '-어 있-', '어 버리-',	了, 過, 着$_2$, 掉
미완료상(진행)	'-고 있$_1$-', '-어 오-', '-어 가-'	在, 着$_1$

　한국어 보조용언의 상과 대응되는 중국어 상에 대한 내용을 바탕
으로 중국어와 한국어의 상적 특성에 대하여 대조를 시도해 보고자
한다. 본서의 목적은 중국인을 대상으로 하여 한국어를 교육하는 것
이기에 상 표지와 선행동사의 결합 양상을 한국어와 중국어의 상 범
주를 대조시킬 때 가장 중요한 것으로 삼았다.　상을 표현하는 수단
에는 문법 형식 외에 동사자체가 갖는 내재적 의미도 상적 특징을
나타낸다. 따라서 상적 표현의 결합 양상을 비교할 때 주로 상황 유
형과 상 표지와의 관계에 초점을 맞추어 논의하고자 한다. 즉 상 표
지가 선행동사와 결합되는지의 여부를 중심으로 기술할 것이다. 상
과 관련된 상황 유형에 따라 동사는 상태동사, 행위동사, 완성동사,
이동동사, 순간동사, 심리동사로 나누어진다. 박덕유(1998)를 참고
하여 한·중 동사 상적의미 분류표를 다시 만들었다.

_ 139

〈표 31〉 한·중 동사 상적 의미 분류표

동사유형	동사의 상 자질	예시
상태동사	[-동태성][-완결성]	예쁘다(漂亮), 높다(高), 길다(长), 많다(多)
행위동사	[+동태성][-완결성] [-순간성]	바람 불다(刮), 달리다(跑), 걷다(走), 흐르다(流), 울다(哭), 부르다(叫), 말하다(说), 노래하다(唱), 자다(睡)
완성동사	[+동태성][+완결성] [-순간성]	짓다(建), 고치다(修), 만들다(做), 놀다(玩) 신다, 입다(穿), 착용하다(戴), 매다(系)
순간동사	[+동태성][+완결성] [+순간성-접근성]	기침하다(咳嗽), 때리다(打), 두드리다(敲), 차다(踢), 끝나다(结束), 터지다(爆发)
이동동사	[+동태성][+완성성] [+순간성][+접근성]	넘어지다(倒), 붙다(贴), 앉다(坐), 죽다(死) 도착하다(到), 떠나다(离开), 열다(开)
심리동사	[-동태성][+완결성]	생각하다(想), 좋아하다(喜欢), 믿다(相信), 희망하다(希望)

한국어의 각 상 표지는 선행동사와의 결합제약이 많다고 할 수 있다. 예를 들어, 상태동사 '예쁘다'가 진행상 '-고 있다'와 결합할 수 없다. 이와 같이 한국어와 중국어의 상표지가 선행동사와의 결합제약이 일치하는지 알아보고자 한다. 각 유형별로 동사를 8개씩 선택하여 한·중 상 표지와 결합시켜 그 양상을 살펴보겠다.

3.3.1. 완료상과 선행동사의 결합양상 대조

한국어의 완료상은 주로 '-어 있다', '-고 있다₂', '-어 버리다'에 의하여 나타나고 중국어의 완료상은 주로 '辻, 掉, 了, 着'에 의하여 나타난다. 중국어와 한국어의 완료상 표지는 의미적으로는 거의 비슷하지만 쓰임에는 차이가 있다. 중국어와 한국어의 각 상 표지가 상황유형 동사와 결합[22]하는 양상을 제시하면 아래 〈표 32〉와 같다.

〈표 32〉 동사유형별 한국어와 중국어의 완료상 표지의 결합양상

선행동사			한국어의 완료상			중국어의 완료상			
동사유형	한국어	중국어	-어 있다	-고 있다2[23]	-어 버리다	了	過	着2[24]	掉
상태동사	예쁘다	漂亮	*	*	*	○	*	*	*
	높다	高	*	*	*	○	*	*	*
	길다	长	*	*	*	○	*	*	*
	많다	多	*	*	*	○	*	*	*
	마르다	渴	○	*	○	○	*	*	*
	어둡다	暗	*	*	*	○	*	*	*
	바쁘다	忙	*	*	*	○	*	*	*
	춥다	冷	*	*	*	○	*	*	*
행위동사	불다	吹	*	*	○	○	○	*	○
	달리다	跑	*	*	*	○	○	*	○
	사다	买	*	*	○	○	○	*	○
	걷다	走	*	*	*	○	○	*	○
	울다	哭	*	*	○	○	○	*	*
	부르다	叫	*	*	○	○	○	*	*
	말하다	说	*	*	○	○	○	*	*
	놀다	玩	*	*	○	○	○	*	*

---

22 결합가능 여부는 한국어 모어 화자 10명, 중국어 모어 화자 10명의 공동적인 답을 기준으로 했다.

23 '-고 있다'는 두 가지 상적 의미를 가지고 있다. 하나는 진행상, 다른 하나는 결과지속상이다. 본서에서 '-고 있다2'로 표시된 것은 결과지속상이다. 예를 들어, '오늘 빨간 옷을 입고 있다'. 이때 '-고 있다'가 진행의 의미를 나타내지 않고 결과지속의 의미를 나타낸다.

24 중국어에서도 조사 '着'가 두가지 상적 의미를 나타낸다. 하는 진행상, 다른 하나는 결과지속상이다. 본서에서 '着2'로 표시된 것은 결과지속상이다. 예를 들어, '他穿着 紅衣服'. 이때, '着2'가 진행의 의미를 나타내지 않고 결과지속의 의미를 나타낸다.

선행동사			한국어의 완료상			중국어의 완료상			
동사유형	한국어	중국어	-어 있다	-고 있다2	-어 버리다	了	過	着2	掉
완성동사	결혼하다	结婚	*	*	○	○	○	*	*
	졸업하고	毕业	*	*	○	○	*	*	*
	만들다	做	*	*	○	○	○	*	○
	벗다	脱	*	○	○	○	○	*	○
	신다	穿	*	○	○	○	○	○	*
	입다	穿	*	○	○	○	○	○	*
	착용하다	戴	*	○	○	○	○	○	*
	매다	系	*	○	○	○	○	○	*
순간동사	때리다	打	*	*	○	○	○	*	○
	기침하다	咳嗽	*	*	○	○	○	*	*
	터지다	裂	○	*	○	○	○	*	○
	차다	踢	*	*	○	○	○	*	○
	두드리다	敲	*	*	○	○	○	*	○
	끝나다	结束	*	*	○	○	○	*	*
	폭발하다	爆炸	*	*	○	○	○	*	○
	묻다	问	*	*	○	○	○	*	*
이동동사	도착하다	到达	○	*	○	○	*	*	*
	앉다	坐	○	*	○	○	○	○	*
	붙다	贴	○	*	○	○	○	○	*
	떠나다	离开	*	*	○	○	○	*	*
	죽다	死	○	*	○	○	○	*	○
	열다	开	*	*	○	○	○	○	○
	닫다	关	*	*	○	○	○	○	○
	넘다	倒	*	*	○	○	○	○	○
심리동사	믿다	相信	*	*	○	○	○	*	*
	느끼다	感觉	*	*	*	○	○	*	*
	알다	知道	*	*	○	○	*	*	*
	바라다	希望	*	*	*	○	○	*	*

	생각하다	想	*	*	*	○	○	*	*
심리동사	사랑하다	愛	*	*	○	○	○	*	*
	기억하다	記	*	*	*	○	○	*	*
	좋아하다	喜歡	*	*	○	○	○	○	*

위의 표 내용을 정리하면 다음과 같은 현상을 발견할 수 있다.

1) 한국어의 완료상과 선행동사의 결합양상

한국어의 완료상 표지 '-어 있다'는 순간동사 중의 '터지다'와 결합 가능하고, 이동동사 중의 '도착하다, 앉다, 붙다' 등과 결합 가능하다. 그 이외에는 다른 동사와 거의 결합이 불가능하다. 즉 이동동사와의 결합 빈도가 높고 나머지 동사와는 결합하기 어려운 특징을 보여주고 있다. 동작이 끝난 후 어떤 결과가 나타나고 그 결과가 지속 가능한 동사를 이동동사라고 하며 이런 동사들은 '-어 있다'와 결합하면 비교적 자연스럽다. 이것을 근거로 '-어 있다'가 완료상의 표지이며 '결과지속'이라는 의미 기능을 가지고 있다 해석할 수 있다.

제시된 48개 동사 중에서 '-고 있다₂'와 결합되는 동사는 '입다, 신다, 매다, 벗다, 착용하다' 밖에 없는 것도 확인할 수 있다. 동사 '입다'는 옷을 입는 동작이 완료 된 후 옷이 걸쳐 있는 상태로 지속 가능할 수 있다는 특성을 가지고 있다. '-고 있다₂'는 '결과지속'이라는 문법적 의미를 가지는 완료상 기능도 하지만 그 쓰임에 제약을 많이 받는다.

또한 '-어 버리다'는 표에 제시된 48개 동사 가운데 상태동사 이외에는 거의 모든 동사와 결합이 가능하다.

이상을 종합하면 한국어의 완료상 표지는 '-어 있다', '-고 있다₂'
와 '어 버리다'가 있는데, '-어 있다'와 '-고 있다₂'의 쓰임은 상황 유
형에 따라 제약을 많이 받는다. '-어 버리다'는 상대적으로 많은 동
사와 결합 가능하며 제약을 많이 안 받는다고 할 수 있다.

2) 중국어의 완료상과 선행동사의 결합양상

한편 중국어의 '了'는 완료상 표지 가운데 거의 모든 동사와 결합
가능하며 완료상의 의미를 나타낸다.

중국어의 완료상 표지인 '過'는 상태조사 이외에 거의 모든 동사
와 결합 가능한 것으로 보인다. 완료상 표지인 '着₂'는 이동동사인
'열다, 앉다'등, 완성동사인 '입다, 신다'등과 결합하여 그 동작이 끝
난 뒤 결과가 지속되는 '결과지속'의 상 의미를 나타낸다. '着₂'는 완
성동사와 이동동사 이외에는 다른 동사와 거의 결합 불가능하며 상
황 유형에 따라 제약을 많이 받는 완료상이라고 할 수 있다.

'掉'는 기존 연구에서 대부분 완료상으로 인정하지 않았지만 최근
謝翠鳳(2008), 袁金亮(2007)에서는 '掉'를 완료상 표지로 보았다. 본
서도 '掉'를 완료상으로 포함시켜 한국어의 완료상 '-어 버리다'와
대조를 하면서 선행동사와의 결합 및 제약 상황을 살펴보았다. 중국
어의 결과보어인 '掉'는 한국어 '-어 버리다'와 같은 의미를 지니고
있다. 하지만 위 표에서 제시한 48개 동사 중에 '掉'와 결합 가능한
동사는 일부분이다. 한국어의 '-어 버리다'와 비교하면 선행 동사의
제약을 훨씬 많이 받는다고 할 수 있다.

이상을 종합하면 한국어 완료상 표지 중에 '-어 버리다' 이외에는

모두 선행동사의 제약을 많이 받는다. 중국어 완료상 표지 중에 '着₂' 와 '掉'가 쓰임에 있어서 제약을 많이 받고 '了'와 '過'는 선행동사의 제약을 많이 안 받는다고 할 수 있다. 따라서 한국어의 완료상 표지보다 중국어의 완료상 표지가 더 활발하다고 할 수 있다. 이는 한국어의 완료상 표지는 보조용언이지만 중국어의 완료상 표지는 문법형태이기 때문이라고 할 수 있다.

3.3.2. 미완료상과 동사의 결합양상 대조

한국어의 미완료상은 주로 '-어 가다', '-어 오다', '-고 있다₁'에 의하여 나타나고 중국어의 미완료상은 주로 '在, 着₁'에 의하여 나타난다. 중국어와 한국어의 각 상 표지가 상황유형 동사와 결합하는 양상을 제시하면 아래 〈표 33〉과 같다.

〈표 33〉 동사유형별 한국어와 중국어의 미완료상 표지의 결합양상

선행동사			한국어			중국어	
동사유형	예	중국어	-어 가다	-어 오다	-고 있다₁	在	着₁
상태동사	예쁘다	漂亮	*	*	*	*	*
	높다	高	*	*	*	*	*
	길다	長	*	*	*	*	*
	많다	多	*	*	*	*	*
	마르다	渴	○	*	○	*	○
	어둡다	暗	○	○	*	*	○
	바쁘다	忙	*	*	*	○	○
	춥다	冷	○	○	*	*	*

선행동사			한국어			중국어	
동사유형	예	중국어	-어 가다	-어 오다	-고 있다1	在	着1
행위동사	불다	吹	*	○	○	○	○
	달리다	跑	○	○	○	○	○
	사다	買	○	○	○	○	○
	걷다	走	○	○	○	○	○
	울다	哭	*	*	○	○	○
	부르다	叫	*	○	○	○	○
	말하다	说	*	*	○	○	○
	놀다	玩	*	*	○	○	○
완성동사	결혼하다	结婚	*	*	○	*	*
	졸업하다	毕业	*	*	*	*	*
	만들다	做	○	○	○	○	○
	벗다	脱	*	*	○	○	○
	신다	穿	*	*	○	○	○
	입다	穿	*	*	○	○	○
	착용하다	戴	*	*	○	○	○
	매다	系	*	*	○	○	○
순간동사	때리다	打	*	*	○	○	○
	기침하다	咳嗽	*	*	○	○	○
	터지다	裂	○	*	○	○	○
	차다	踢	*	*	○	○	○
	두드리다	敲	*	*	○	○	○
	끝나다	结束	○	*	○	*	*
	폭발하다	爆炸	*	*	○	○	*
	묻다	问	○	○	○	○	○
이동동사	도착하다	到达	○	*	○	*	○
	앉다	坐	○	○	○	○	○
	붙다	贴	○	○	○	○	○
	떠나다	离开	○	○	○	*	*
	죽다	死	○	*	*	*	*

선행동사			한국어			중국어	
동사유형	예	중국어	-어 가다	-어 오다	-고 있다₁	在	着₁
이동동사	열다	开	○	*	○	○	○
	닫다	关	*	*	○	○	○
	넘다	倒	○	○	○	*	*
심리동사	믿다	相信	○	○	○	*	○
	느끼다	感觉	○	○	○	○	○
	알다	知道	○	*	○	*	*
	바라다	希望	*	○	○	○	○
	생각하다	想	○	○	○	○	○
	사랑하다	愛	*	*	○	*	○
	기억하다	記	*	*	○	○	○
	좋아하다	喜歡	*	*	○	○	○

위의 표 내용을 보면 다음과 같은 현상을 발견할 수 있다.

1) 한국어의 미완료상과 선행동사의 결합양상

한국어의 진행상 표지 '-어 가다'와 '-어 오다'의 쓰임에 있어서 선행동사에 따른 제약을 많이 받는다. 동사는 한 상태에서 다른 상태로 변화를 나타내는 동사이여야만 '-어 가다'와 '-어 오다'와 결합할 수 있다. 즉 '-어 가다'와 '-어 오다'는 변화과정을 가지는 동사와만 결합이 가능한 것으로 보인다.

이와 반대로 한국어의 진행상 표지 '-고 있다₁'의 쓰임은 아주 활발한 편이다. 상태동사 이외에는 거의 대부분 동사와 자유롭게 결합할 수 있다.

2) 중국어의 완료상과 선행동사의 결합양상

중국어의 진행상 표지 '在'도 상태동사 이외에 대부분 동사와 결합할 수 있다. 여기서 주목할 만한 것은 선행동사와 결합관계를 관찰해 보면 한국어의 진행상 표지 '-고 있다,'와 중국어의 진행상 표지 '在'가 거의 대응되는 관계로 보인다고 확인되었지만 예외도 있다. 예를 들면, 이동동사에 속하는 '떠나다'는 한국어의 미완료상 표지 '-고 있다,'와 결합할 수 있지만 중국어의 미완료상 표지 '在'와는 결합할 수 없다. 또 이동동사에 속하는 '도착하다'도 한국어의 미완료상 표지 '-고 있다,'와 결합할 수 있는 반면 중국어의 미완료상 표지 '在'와는 결합할 수 없다.

3.4. 상적 의미의 대조 결과

한국어의 보조용언 상 표지가 중국어와 대응되는 것은 '완료상'과 '진행상'이다. 즉 중국어에서도 완료상 표지와 진행상 표지가 있다.

한국어의 완료상, 미완료상 표지와 대응되는 중국어의 상표지의 선행동사와 결합 상황을 살펴보았다. 한국어의 상이든 중국어의 상이든 상황 유형에 따라 선행동사와 결합할 때 제약을 모두 받는 것으로 보인다. 그러나 '-어 버리다'이외에는 중국어의 상 표지는 보편적으로 한국어의 상 표지보다 선행동사의 제약을 덜 받는다고 할 수 있다. 특히 중국어의 완료상인 '了'는 몇 개의 동사를 제외한 거의 모든 동사와 공기할 수 있다. 이는 '了'가 문법형태이기 때문이다.

　한국어와 중국어의 상 표지들이 선행동사와 결합할 때 제약 상황이 다르기 때문에 한국어 교육시 학습자에게 이 부분에 대해서 특별한 설명을 해야 한다고 본다. 예를 들어, '떠나고 있다', '도착하고 있다'는 한국어에서 가능한 표현이지만 중국어에서는 불가능한 표현이므로 학생들이 모국어의 영향을 받아 '떠나고 있다'를 불가능한 표현으로 인식하게 할 수도 있기 때문에 교육 자료에 보충 설명할 필요가 있다고 생각한다.

중국인 학습자를 위한
한국어 보조용언의 교육 연구

제4장

중국인 학습자의 보조용언
사용양상 및 습득양상 분석

중국인 학습자를 위한
한국어 보조용언의 교육 연구

01

작문 분석을 통한 사용양상 조사 및 오류 분석

앞서 한국어 보조용언과 중국어 대응표현의 의미적, 통사적, 상범 주에 대한 대조 분석을 통해 중국 학생들이 한국어 보조용언을 학습할 때 어렵게 생각하는 부분과 자주 나타날 수 있는 오류들을 예측할 수 있었다. 하지만 실제 중국 학생들이 보조용언을 사용하는 실태와 오류에 대해서는 작문분석을 통해서만 알 수 있다. 이 부분에서는 중국학생들의 보조용언의 사용양상과 실제로 작문을 할 때 나타나는 오류 양상을 함께 살펴보도록 하겠다.

1.1. 자료 수집

한국어 보조용언은 작문이나 의사소통을 할 때 의미적으로 중요한 역할을 담당하고 있으나 중국인 학습자들은 보조용언의 정확한 의미를 파악하지 못하기 때문에 작문 또는 의사소통 시 항상 보조용언을 제외하거나 회피하는 경우가 많다. 본서는 중국인 학습자의 보조용언 사용 실태를 조사하기 위해 현재 중국 대학 내 중국인 한국어 학습자와 한국에서 유학을 하고 있는 중국인 한국어 학습자들의 작문 자료를 수집하여 분석했다.

본서에서는 초급과 중급 학습자는 보조용언의 일부분만 배웠기 때문에 사용실태 조사의 대상으로 삼지 않고 보조용언을 거의 다 배운 상태인 고급 학습자를 대상으로 실태조사를 진행하였으며 가능한 한 다양한 주제와 내용을 자료로 선정했다. 여기서 말하는 고급 학습자란 '한국어 능력시험'에서 5, 6급의 실력에 해당하는 학습자를 말하는 것이다. 한국 내 한국어 교육기관인 경우 주로 주당 20시간씩 총 10주간, 200 시간 이상 교육 받은 학생을 한 개의 급으로 했다. 중국 대학교 경우는 주로 한 학기에 주당 12시간씩 총18주간에 걸쳐 약 216시간의 교육을 이수한다. 즉 중국 대학 한국어과 3학년이면 5, 6급을 해당하고 고급으로 본다.

본서는 고급학습자를 대상으로 하여 보조용언의 사용양상을 살펴보기로 했다. 분석 대상은 중국인 한국어 고급 학습자중 한국에서 유학중인 학습자와 중국에서 한국어를 전공하는 중국인 고급학습자들의 작문자료이다. 7가지 작문 유형의 11개 주제이며, 각 주제별로 중국 현지 학생 작문 10-20편, 한국에서 유학중인 학생 작문 10-20편 선정하여, 총 240편의 작문자료를 수집했다. 구체적인 작문자료 구성은 아래 〈표 34〉와 같다.

〈표 34〉 중국인 고급 학습자 작문 자료 구성(240편)

작문유형	주제	작문 수	
		현지학생	유학생
서술문	잊을 수 없는 일	10	10
	나의하루	10	10
설명문	중국의 민족	10	10
	중국의 차	10	10
기행문	여행 기행	10	10
	도시기행	10	10
논문	대학졸업 논문	10	10
논설문	장점과 단점	10	10
편지	편지	20	20
감상문	영화감상문	10	10
	만리장성	10	10
합계		120	120

1.2. 조사 대상 선정

조사 대상이 되는 학습자는 한국어를 전공하는 중국 연변과기대, 천진외대 4학년 한국어과 학생 총 30명과 한국에서 유학중인 연세대학교 어학당 중국인 학생과 수원대학교 언어교육원 한국어 고급 중국인 학습자 30명이다. 이 네 곳의 한국어 교육 기관에서는 모두 『연세한국어』교재를 사용하고 있으며 조사 대상자들 또한 『연세한국어1-5』를 이수한 학습자들이다. 두 집단의 구성은 아래〈표 35〉와 같다.

〈표 35〉 피험자 집단의 상황

구분		중국 현지 학습자 (3, 4학년)	유학생(5, 6급)
성별	남	7명	9명
	여	23명	21명
합계		30명	30명

　본 연구에서는 조사 대상이 될 중국인 한국어 학습자를 고급 학습자에 한정하였으며, 각 단계별로 한국어 교재에서 다루고 있는 보조용언을 살펴보았을 때 5, 6급 정도의 실력이 되어야 한국어 보조용언의 대부분을 학습하게 되므로 초급과 중급 학습자는 배제하기로 했다.

1.3. 조사 절차 및 분석 방법

　본서는 작문 자료를 수집하기 위하여 중국 연변과기대학교, 천진외국어대학교, 한국 수원대학교, 연세대학교의 한국어 교사에게 자료 요청을 했다. 2013년 9월부터 2013년 12월까지 한 학기 동안 지정한 작문 제목을 학생들에게 숙제 로 주었고, 현지 학생과 유학생의 작문을 각 주제별로 10편~20편씩 선정하여 분석했다.
　선정된 작문은 총 240편이며 현지 학생과 유학생의 작문 수를 각각 120편으로 대등하게 선정했다. 분석 순서는 우선 작문들에 포함되어 있는 보조용언을 구분하였으며 동시에 오류 부분도 표시했다.

그 후 작문의 총 문장수를 산출한 뒤 앞서 구분된 보조용언의 수량
을 대입하여 출현 빈도수를 통계 내었다.

1.4. 조사 결과

1.4.1. 사용빈도 분석

1) 중국인 고급 학습자의 보조용언 사용빈도

본서에서는 중국 현지 한국어 고급 학습자의 120편의 텍스트와
한국에서 유학중인 한국어 고급학습자의 120편의 작문 텍스트를 분
석했다. 그 결과 두 그룹의 사용빈도의 수치가 다르게 나타났다. 우
선 중국 현지 고급 학습자의 텍스트 분석 시 총 19,560개 어절로 이
루어졌으며 그 중 보조용언은 총 669회를 사용하여 평균 3.4%의 빈
도였다. 그러나 한국에서 유학중인 한국어 고급학습자의 분석결과
총 23,264개 어절 중 보조용언은 총 1,193회가 사용되어 평균 5.1%의
사용빈도를 나타내었다. 현지 학습자보다는 유학생의 보조용언 사
용 빈도가 더 높은 것으로 확인되었으며 두 그룹의 평균 출현빈도는
4.3%라는 것을 알 수 있다. 이 결과에 따르면 고급학습자들이 보조
용언을 사용하는 빈도가 평균 4.0%이상으로 나왔다. 하지만 사용되
는 보조용언의 종류는 [그림 1], [그림 2]에서 볼 수 있듯이 몇 개의
보조용언에만 한정이 되어 있다.

〈표 36〉 중국인 학습자의 보조용언 사용빈도

구분	어절 수	출현회수	출현 빈도율
현지 고급 학습자	19,560	669	3.4%
유학생 고급학습자	23,264	1,193	5.1%
합계	42,824	1,862	4.3%

중국 현지 한국어 학습자들이 보조용언 사용빈도[25]와 한국 유학 중인 고급학습자 보조용언 사용빈도[26] 상황은 아래 [그림 1], [그림 2]와 같다.

---

25 작문 텍스트 수: 120편, 총 어절 수: 19,560, 표 중에 나타나는 숫자는 보조용언이 나타나는 회수이다.
26 작문 텍스트 수: 120편, 총 어절 수: 23,264, 표 중에 나타나는 숫자는 보조용언이 나타나는 회수이다.

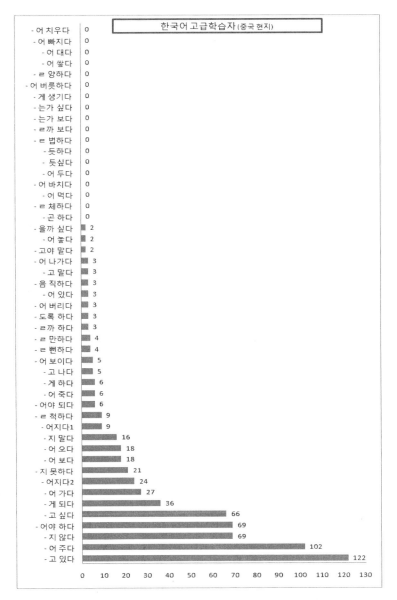

[그림 1] 중국 현지 한국어 고급학습자 보조용언 사용빈도

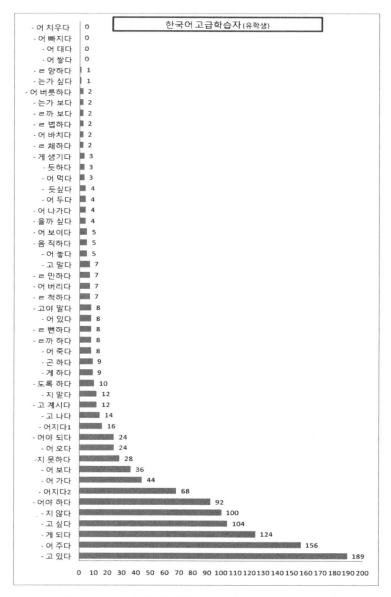

[그림 2] 한국에서 유학중인 한국어 고급학습자 보조용언 사용빈도

2) 한국어 모어화자의 보조용언 사용빈도

중국인 한국어 학습자의 보조용언 사용양상을 객관적으로 평가하기 위해서 실제로 한국인 모어 화자들이 의사소통을 할 때 어떤 보조용언들을 많이 사용하는지 살펴봐야 한다. 즉 한국인 모어 화자의 보조용언 사용양상을 먼저 고찰할 필요가 있다. 이에 본서는 최명선(2008)에서 한국인 모어화자의 보조용언 사용빈도 연구결과를 참고하여 중국인 학습자 보조용언 사용빈도의 기준으로 삼았다. 본서는 중국인 학습자의 작문 자료를 바탕으로 빈도수를 조사하였기 때문에 한국어 모어 화자의 빈도수도 문어[27]의 빈도수[28]만 제시하겠다. 한국인 모어 화자의 보조용언 사용빈도[29] 양상은 아래 〈표 37〉과 같다.

---

27 문어자료 말뭉치의 장르별 구성은 아래와 같다.

장르	추출 어절 수	장르	추출 어절 수
신문	212,246	책-상상	241,824
잡지	111,630	기타	64,836
책-정보	400,230	총계	1,020,766

28 〈표 37〉에서 제시한 빈도수는 100만 어절에서 추출한 빈도수이다. (최명선, 2008 참고)

29 〈표 37〉의 내용을 근거하여 한국인 모어 화자 보조용언의 평균 사용 빈도율은 1.3% 이다.

〈표 37〉 한국인 모어 화자의 보조용언 사용빈도

순위	보조용언	사용빈도	순위	보조용언	사용빈도
1	- 고 있다(계시다)	7698	26	- 고자 하다	173
2	- 지 아니하다(않다)	5692	27	- 어 대다	160
3	- 어 있다(계시다)	3798	28	- 다/다가 보다	150
4	- 어지다	3614	29	- 나/은가 보다	99
5	- 어야 하다	3087	30	- 어 가지다/갖다	75
6	- 어 주다/드리다	2847	31	- 고 하다	72
7	- 게 되다	2358	32	- 려고 하다	70
8	- 어 보다	1735	33	- 나/은가 싶다	68
9	- 지 못하다	1549	34	- 을까 보다	64
10	- 어 오다	1370	35	- 은/는/을 듯싶다	40
11	- 어 가다	1165	36	- 어 먹다	37
12	- 고 싶다	947	37	- 어야 되다	33
13	- 어 버리다	864	38	- 었으면 하다	28
14	- 게 하다	864	39	- 을까 싶다	27
15	- 어 놓다	760	40	- 을까 하다	25
16	- 어 내다	700	41	- 어 치우다	12
17	- 기도 하다	667	42	- 기나 하다	11
18	- 어 두다	351	43	- 어 빠지다	6
19	- 지 말다	341	44	- 어 나다	5
20	- 고/고야 말다	302	45	- 어 쌓다	1
21	- 고 나다	279	46	- 을 만하다	0
22	- 기는 하다	236	47	- 을 뻔하다	0
23	-곤/고는 하다	202	48	- 은/는 척하다	0
24	- 게 만들다	195	49	- 었으면 싶다	0
25	- 고 보다	187	-	-	-

3) 사용빈도 순위의 대조

중국인 학습자들의 보조용언 사용빈도 순위는 아래 〈표 38〉과 같다.

〈표 38〉 현지 학습자와 유학생 학습자 보조용언의 사용빈도 대조표

중국 현지 학생 (총 어절 수: 19,560)			유학생 (총 어절 수: 23,264)			한국인 모어화자 (총 어절 수:100만)		
순위	보조용언	출현 횟수	순위	보조용언	출현 횟수	순위	보조용언	출현 횟수
1	-고 있다	122	1	-고 있다	189	1	-고 있다	7698
2	-어 주다	102	2	-어 주다	156	2	-지 않다	5692
3	-지 않다	69	3	-게 되다	124	3	-어 있다	3798
4	-어야 하다	69	4	-고 싶다	104	4	-어지다	3614
5	-고 싶다	66	5	-지 않다	100	5	-어야 하다	3087
6	-게 되다	36	6	-어야 하다	92	6	-어 주다	2847
7	-어 가다	27	7	-어지다	68	7	-게 되다	2358
8	-어지다	24	8	-어 가다	44	8	-어 보다	1735
9	-지 못하다	24	9	-어 보다	36	9	-지 못하다	1549
10	-어 보다	21	10	-지 못하다	28	10	-어 오다	1370

4) 사용빈도 분석의 결과

작문 분석의 결과에 따르면 고급학습자들이 보조용언을 사용하는 빈도가 평균 4.0%이상으로서 한국인 모어화자의 빈도수보다도 높은 것으로 보인다. 하지만 사용되는 보조용언의 종류는 [그림 1], [그림 2]에서 볼 수 있듯이 몇 개의 보조용언에만 한정 되어 있다.

위 [그림 1] 중국 현지 한국어 고급학습자의 분석 결과에 따르면 총50개 보조용언 중에 32개 보조용언을 사용하였고 나머지 18개 보조용언은 한 번도 출현하지 않았다. 그리고 사용된 32개 보조용언들 중에서도 10번 이상 출현한 보조용언은 12개밖에 되지 않았고 나머지 20개의 보조용언은 모두 10번 이하로 출현되었다. 위 [그림 2] 한국에서 유학 중인 한국어 고급학습자의 분석 결과를 보면 총 50개

보조용언 중의 46개 보조용언이 사용되었다. 하지만 사용된 46개 보조용언 중에서 10번 이상 출현한 것이 단 17개이다. 나머지 29개 보조용언은 모두 10번 이하로 출현되었다. 중국 현지 학습자와 유학생의 보조용언 사용실태를 종합적으로 살펴보면 많은 교재에서 문법 항목으로 제시하고 있는 보조용언임에도 불구하고 잘 사용하고 있지 않은 것으로 보인다.

[그림 1]과 [그림 2]를 비교하면 한국에서 유학중인 한국어 고급학습자들의 보조용언 사용빈도가 훨씬 높고 더 많은 보조용언을 사용하는 것으로 알 수 있다. 그러나 10번 이상 출현한 보조용언은 중국 현지 학생은 12개, 유학생은 17개밖에 되지 않아 현지 학생과 유학생 모두 특정한 보조용언만 잘 습득해서 사용하는 것을 알 수 있다.

〈표 38〉에서 중국 현지 학습자, 유학생, 한국인 모어 화자들의 보조용언 사용 순위를 비교하면 조금씩 다르지만 대부분 비슷하다는 것도 알 수 있다.

1.4.2. 작문 텍스트에서 나타난 보조용언의 오류 양상

중국인 한국어 고급 학습자들이 보조용언을 사용하는 데 범한 오류를 분석해 보면 중국 현지 학생들의 총 보조용언 사용빈도 669회 중에 오류가 86회 발생하였고 한국에서 유학중인 학생들은 총 보조용언 사용빈도 1193회 중에 오류가 157회 발생했다. 그중에는 통사적 오류도 있고 의미적으로 오용한 현상도 있었다. 통사적 오류보다는 의미적으로 잘 못 사용한 현상이 더 많은 것으로 보인다. 오류에 대한 통계가 아래 〈표 39〉과 같다.

〈표 39〉 보조용언의 오류 통계

구분	총 어절수	보조용언 사용의 총 횟수	통사적 오류	의미적 오류	오류합계	오류율
중국 현지 고급 학습자	19,560	669	45	56	101	15%
유학생 고급 학습자	23,264	1193	70	87	157	13%

중국인 한국어 학습자들이 보조용언을 사용하는데 발생한 구체적인 오류 양상의 예를 제시하면 아래와 같다.

1) 통사적 오류
① 시제
중국인 한국어 학습자들이 범한 오류들 중에 또 다른 하나는 시제 문제이다.

(1) *요즘 어머님께 전화를 많이 드렸지 못해서 죄송해요.
(2) *나는 선생님의 말씀을 잊었 버렸어요.
(3) *만리장성은 정말 가 봤을 만한 곳이었어요.
(4) *대학교 2년반 동안 저는 모든 정력을 공부에 기울였지 않아요…

(1)에서 '드리다'와 연결어미 '지' 사이에는 다른 성분이 들어갈 수

가 없으므로 비문이 된다. (2)에서는 연결어미 '어'에 시제표지 '었'을 놓았으므로 비문이 된다. (3)또한 역시 시제문제로 인한 비문이다. (4)에서 과거 시제 표지 '-었'은 보조용언 '-않'뒤에 나타나야 하지만 중국인 학습자들은 이를 본동사 '기울이다'뒤에 놓았다.

② **연결어미**

중국인 학습자들이 범한 오류 중에 또 하나는 연결어미의 문제이다.

> (5) *매일 집에 가고 싶하고, 부모님와 친구 만나고 싶하고, 고향 음시을 먹어 싶습니다.
> (6) *나의 고향은 서남지역의 작은 도시에 위치하여 있습니다.
> (7) *영어수업을 안 들어 싶은데 들어야 돼요.
> (8) *엄마한테 편지를 부치 주었어요.
> (9) *요즘 영어를 안 쓰니까 영어를 다 잊아졌어요.

(5)와 같이 '싶다'의 연결어미는 본래 '고'이지만 '어'로 사용했다. (6)에서도 '있다'의 연결어미가 '고'인데 '어'로 사용했다. (7)에서도 '싶다'의 연결어미가 '고'인데 '어'로 사용했다.

2) **의미적 오용**

중국인 한국어 학습자들의 보조용언 오류 양상을 살펴보면 보조용언의 의미 기능을 제대로 이해하지 못하거나 비슷한 의미를 가진 보조용언을 혼용한 경우가 많다.

① 부정 보조용언의 오류

(10) *고춧가루가 없다면 모두 밥을 <u>먹지 않을</u> 정도입니다.

(11) *그리고 질문자에 대하는 것을 <u>당황하지 않고</u> 자신 있게 대답하
는 것이 중요한다.

(10), (11)에서는 '-지 못하다'와 '-지 않다', '-지 말다' 같은 부정
의미를 나타내는 보조용언들의 의미 차이를 정확하게 구별하지 못
해서 오용된 것이다. (10)에서는 '밥을 먹지 못할 정도'로 표현해야
되는데 '먹지 않을 정도'로 잘못 표현했다. (11)에서는 '당황하지 말
고'를 '당황하지 않고'로 잘못 사용하고 있다.

② 봉사 보조용언의 오류

(12) *선생님 건강해 <u>주시기를 바랍니다.</u>

'-어 주다'의 의미를 제대로 이해하지 못하여 오용이 발생한다.
(12)에서의 정확한 표현은 '건강하시기를 바랍니다.'이지만 '건강해
주시기를 바랍니다.'로 잘못 사용하였다. 이것은 '-어 주다'의 의미
를 정학하게 이해하지 못해서 발생한 오류라고 생각한다.

③ 당위 보조용언의 오류

(13) *다음 주 토요일에는 우리들은 영어등급시험이 있는데 저는 영
어를 많이 <u>연습해야 해요</u>.

(13)에서는 '-해야 하다'와 '-해야 된다'의 의미 차이를 정확하게
이해하지 못해서 발생한 오류이다.

④ 선행용언 제약의 오류

(14) *나는 그 사람을 두 번 봤으니 그의 얼굴을 <u>기억해 버렸다</u>.

(14)에서는 보조용언 '-아/어 버리다'와 동사 '기억하다'는 결합할
수 없어 비문이 된다. 중국인 학습자들은 보조용언의 선행용언 제약
에 대한 직관이 없어 오류가 많이 발생한다.

⑤ 동일한 의미별 보조용언의 오용

(15) 제 한국어 수준이 점점 <u>높아오고 있다</u>.

(15)에서는 '높다'와 보조용언 '-아/어 오다'가 결합하면 비문이 되
며 '높아가고 있다'로 바뀌어야 문장이 성립된다. 이를 통해 중국인
학습자들은 진행 보조용언 '-아/어 가다'와 '-아/어 오다'의 의미를

정확히 파악하지 못하는 것을 알 수 있다.

중국인 한국어 학습자들이 보조용언을 사용하는 데 범한 오류 양상을 살펴보면 고급학습자임에도 불구하고 통사적 오류 현상과 의미적 오용 현상이 나타나는 것으로 볼 수 있다. 그러므로 보조용언을 학습자에게 교육할 때 이 두 가지 방면을 중요하게 다루어야 할 것이다.

1.5. 작문 텍스트 분석 결과

분석 결과에 따르면 중국인 한국어 고급학습자들의 보조용언 사용빈도는 높다고 할 수 있으며 특히 한국에서 유학중인 고급학습자들의 빈도가 아주 높은 것으로 볼 수 있다. 하지만 이것은 몇 개 보조용언에만 한정되어 있으며 대부분은 총 20000개 넘는 어절에서 10회 이하로 분석된다.

중국 현지 학생들과 유학생, 한국인 모어 화자의 보조용언 사용빈도 순위 중 1위에서 10위를 비교해 보면 중복된 보조용언은 8개이며, 이 8개 보조용언은 각각 '-고 있다', '-어 주다', '-지 않다', '-어야 하다', '-고 싶다', '-게 되다', '-어지다', '-지 못하다'이다. 이중에 '-고 있다', '-지 않다', '-어야 하다', '-고 싶다', '-게 되다', '-지 못하다'는 중국어 대응 표현과 문법범주 대응관계를 가진 보조용언들이다. 즉 중국인 한국어 학습자들의 보조용언 사용양상을 살펴보면 중국어 대응표현과 문법범주 대응관계를 가진 형태를 가장 잘 습득

하는 것으로 나타났다. 이것은 본 장의 연구 결과 중에 가장 큰 발견
이라고 할 수 있다.

그 이외에도 사용빈도를 조사하면서 문법적으로 오류가 있는 문
장을 모두 찾아보았다. 중국인 한국어 학습자들이 보조용언을 사용
하는 데 범한 오류 양상을 살펴보면 고급학습자임에도 불구하고 통
사적 오류 현상과 의미적 오용 현상이 모두 나타나고 있다. 따라서
보조용언을 교육할 땐 이 두 가지 방면을 모두 소홀히 할 수 없는 것
이다.

02

설문조사를 통한 습득양상 조사 및 오류 분석

    한국어의 보조용언은 한 형태가 한 개 이상의 의미 기능을 지니기도 하고 반대로 여러 형태들이 유사한 의미 기능을 가지기도 한다 (최해주:2003). 또한 보조용언은 어휘의 의미를 직접적으로 드러내는 본용언과는 달리 그 의미가 원래의 어휘적 의미에서 변형되거나 확대되어 문법적인 의미를 갖는 경우가 많다. 그렇기 때문에 외국인 한국어 학습자들이 이러한 보조용언을 제대로 사용하고 이해하는 것은 쉬운 일은 아니다.

    본서는 한국어의 보조용언을 의미별로 20가지로 분류하고 중국어와 대응관계를 찾아보려고 대조분석을 했다. 그 결과 대응관계에 있어서 일대일 대응관계가 아닌 일대다의 관계를 가지고 있는 것을 알 수 있었다. 그 중 한 가지를 살펴보면 한국어의 진행·방향성 보조용언 중에 '-아/어 가다, -아/어 오다, -아/어 나가다, -고 있다'를 상황에 따라 중국어로 번역했을 때 때로는 대응되는 중국어 표현이 똑같다. 예를 들어 '사회가 발전해 가고 있다', '사회가 발전해 나가고 있다', '사회가 발전하고 있다'를 중국어로 번역하면 모두 '社會正在 發展'으로 표현 가능하다. 그렇기 때문에 중국인 학습자들은 '-아/어 가다, -아/어 나가다, -고 있다'를 같은 의미로 인식할 수 있고 이와 같이 다양한 진행 보조용언들을 정확하게 사용하지 못하게 되어 오 류가 많이 발생할 수밖에 없다. 그 이외에 부정, 종결, 완료, 추측 의 미별 종류의 보조용언도 많은 것으로 보이고 같은 의미별의 보조 용언이 많을수록 중국인 학습자들이 그 보조용언을 습득하기 어렵 고 오류를 쉽게 발생할 수 있을 것이라 예측할 수 있다. 4.2에서 학 생들의 작문 자료를 분석할 때 살펴본 보조용언의 의미적 오용 또 한 대부분 비슷한 의미를 가진 보조용언 사이에 나타난다는 결과 가 나왔다.

진행과 방향을 나타내는 보조용언은 '-아/어 오다, -아/어 가다, -고 있다, -아/어 나가다'가 포함되어 있고, 보유 의미를 나타내는 보 조용언 '-아/어 두다', '-아/어 놓다', 종결 완료의 의미를 나타내는 보조용언은 '-고 나다, -아/어 버리다, -아/어 먹다, -아/어 내다, -어 치우다'가 포함되어 있다. 이렇게 비슷한 의미를 가지고 있는 많은 보조용언들은 중국인 학습자들이 보조용언을 배울 때 큰 어려움을 주고는 한다. 이 부분 역시 중국인 학습자들이 보조용언을 사용할 때 가장 빈번하게 오류가 발생하는 부분이다.

또한, 본서의 3장에서 한국어의 보조용언과 중국어의 대응관계를 고찰한 결과 중국어와 대응관계가 없는 보조용언들을 찾을 수 있었 다. 중국인 학생들은 이 보조용언들을 이해하는 데 많은 어려움을 겪는다. 따라서 본서는 이중 사용빈도가 높은 진행, 보유, 완료 보조용언들을 대상으로 습득양상을 조사하고자 한다.

2.1. 조사 방법

본서에서는 중국인 한국어 학습자의 보조용언 이해 능력을 알아
보기 위하여 설문조사를 실시했다. 설문조사를 실시하기 전 각 문항
의 신뢰성을 높이기 위해 5명의 한국인 화자에게 먼저 설문조사를
실시하여 각 문항을 수정하고 보완했다. 본서는 예비설문조사를 먼
저 실시하여 조사 결과를 통해 가설을 세우며, 그 가설을 검증하기
위해 아래와 같이 설문조사를 실시했다. 그 후, 그 결과를 분석하여
최종 결과를 도출해 냈다.

2013년 10월, 각각 15명의 중국인 현지 한국어 학습자와 유학생
한국어 학습자를 대상으로 예비 설문조사를 실시한 후 그 결과를 분
석하여 6가지 가설을 세웠다. 그 이후 가설을 검증하기 위하여 60명
의 현지 학습자와 60명의 유학생을 대상으로 2013년 12월 총 한 달
간 설문조사를 진행하였다. 겨울 방학 기간이었기 때문에 대부분 온
라인으로 설문 조사를 실시하였고 예비 설문조사와 본 설문조사는
추후 인터뷰에 대비하기 위하여 모두 참여자의 양해를 구한 뒤 기명
의 방식으로 진행했다. 설문조사의 진행 과정을 간단히 소개하면 아
래 [그림 3]과 같다.

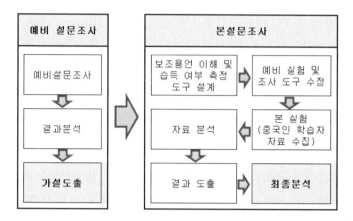

[그림 3] 보조용언의 습득양상 조사 절차

2.2. 예비 설문조사

예비조사는 2013년 10월, 중국 현지 한국어 학습자와 유학중인 중국인 학습자 각 15명을 대상으로 실시했다. 설문조사 참여자는 중국 천진외국어대학 한국어과 4학년 재학생과 인하대학교 국어교육과에서 학습중인 중국인 유학생이다. 두 가지 유형, 총58개 문항으로 구성된 설문지로 보조용언의 이해 능력을 조사했다. 예비 설문조사의 결과와 3장에서 도출된 보조용언과 중국어의 대응관계를 바탕으로 하여 아래와 같이 6가지 가설을 세웠다.

1) 가설 ①

중국어와 대응관계가 있는 보조용언의 정답률이 높고 반대로 중국어와 대응관계가 없는 보조용언의 정답률이 낮다. 예를 들어, '-고 있다', '-아/어 버리다'는 중국어에서 대응표현이 있기 때문에 중국인 학습자들이 이런 보조용언을 잘 습득하는 반면 '-아/어 두다, -아/어 놓다'는 중국어와 대응되는 표현이 없어서 중국인 학습자들이 이러한 보조용언들을 습득하기 어려울 것이다.

2) 가설 ②

중국인 학습자들은 문맥에 따라 다른 기능과 의미를 가진 보조용언에 대하여 이해 능력이 다르다. 예를 들어, '-아/어 버리다'는 상황에 따라 [아쉬움]의 의미를 나타낼 때도 있고, [부담 제거]의 의미를 나타낼 때도 있으니, 두 가지 의미에 대하여 학습자들의 이해 능력이 다르다.

3) 가설 ③

현지 중국인 학습자보다 한국에서 유학 경험이 있는 학습자들이 보조용언에 대한 이해력이 높을 것으로 판단된다.

4) 가설 ④

보조용언은 선행동사에 있어서 제약이 많은데 중국인 학습자들은 동사 제약에 있어서 중국어와 한국어의 차이 및 모국어의 영향으로 그 제약에 대한 직관이 없기 때문에 파악하기 어려울 것이다.

5) 가설 ⑤

각 보조용언이 선행동사의 유형에 따라 그 제약에 대한 이해가 각각 다를 것이다. 같은 보조용언 '-고 있다'를 예로 들어보면 선행동사가 완성동사일 때와 선행동사 심리동사일 때의 정답률이 다르게 나타날 것이다.

6) 가설 ⑥

유학생이 중국 현지 학습자보다 선행동사의 제약에 있어서 습득능력이 강할 것이다.

2.3. 본 설문조사

2.3.1. 조사대상 선정

본 조사의 대상은 한국어를 2년 이상 배운 고급 한국어 학습자들이다. 중국 천진외대 한국어과, 연변과기대 한국어과, 산동대학 한국어과 4학년 중국인 학습자 60명을 선발하여 조사의 대상자로 삼았다. 또한, 한국에서 유학중이나 2년 이상 유학 경험이 있고 한국어능력시험 5급 이상 통과한 중국인 유학생 60명을 선발해서 조사의 대상자로 삼았다. 한국어 교육은 현지와 국외 두 가지 학습자 군이 있고 학습군마다 학습효과가 다르기 때문에 필자는 중국 현지 학습자와 한국에서 유학중인 한국어 학습자를 각각 나누어 조사의 대상으로 삼아 설문 조사를 진행했다. 본 연구에 참여한 피실험자의 분포는 다음과 같다.

학습 기간으로 살펴보면 2년이상 한국어를 배운 학습자가 25명, 3년 이상 배운 학습자가 78명, 4년 이상 배운 학습자가 17명이었다.

〈표 40〉피험자의 학습 기간별 분포

구분	2년	3년	4년	합계
인원(명)	25명	78	17명	120명
비율(%)	20%	65%	15%	100%

학습자의 한국어 능력등급별 분포는 5급 단계 학습자 63명, 6급 단계 학습자 32명으로 6급 단계에 비하여 5급 단계의 학습자가 훨씬 많았다.

〈표 41〉 피험자의 한국어 능력 등급 분포

구분	5급	6급	급수 없음[30]	계
인원(명)	63명	32명	25명	120명
비율(%)	52%	26%	20%	100%

---

30 한국어 능력 시험 급수가 없는 25명은 모두 중국 현지 한국어 학습자들이며 한국어 4학년 전공자이므로 고급한국어 학습자로 인정한다.

2.3.2. 조사도구 설계

본서는 한국어 학습자들의 [진행], [보유], [완료] 보조용언의 습득 양상을 살펴보기 위해 두 가지의 테스트 유형을 통하여 한국어 학습 자들의 보조용언에 대한 이해 능력을 고찰하고자 한다. 이를 위한 본조사의 연구 목적은 아래와 같다.

첫째, 중국인 한국어 학습자의 [진행], [보유], [완료] 보조용언의 의미를 제대로 이해하고 습득하는가이다.

둘째, 중국인 한국어 학습자의 [진행], [보유], [완료] 보조용언의 선행동사 제약에 대해서 제대로 파악하는가이다.

1) 의미적 특성에 따른 조사

이 부분은 학습자들이 유사한 의미를 가진 보조용언을 확실하게 구별할 수 있는지 고찰하기 위해 '선택형 문제 유형'으로 출제했다. 즉 대화문에 빈칸을 두고 4개의 보기 중에서 알맞은 답을 고르는 문 항유형이다.

진행 방향성 보조용언은 '-고 있다, -아/어 오다, -아/어 가다'가 있 다. 이 3가지 보조용언은 각각 가지고 있는 상적 의미와 양태적 의미 가 있으며 '-고 있다'가 가지고 있는 상적 의미는 [+진행]이고, '-아/ 어 가다'가 가지고 있는 상적 의미는 [+진행]과 [+상태변화 지속]이 다. '-아/어 오다'가 가지고 있는 상적 의미 또한 [+진행]과 [+상태변 화 지속]이다. 그 이외에는 이 보조용언들이 각각 가지고 있는 양태 적 의미도 있다. 본서에서는 그들이 가지고 있는 상적 의미와 양태적 의미에 따라 문항을 출제했다.

　보유 보조용언은 '-아/어 놓다, -아/어 두다'가 있다. 두 보조용언의 상적 의미는 [+결과지속]이고, 양태적 의미는 [+미리준비], [+긍정적 평가]이다. 완료 보조용언은 '-아/어 버리다, -아/어 내다'가 있다. 이 두 보조용언이 가지고 있는 상적 의미는 [+종결]이다. '-아/어 버리다'가 가지고 있는 양태적 의미는 [+부담제거], [+긍정적 평가], [-긍정적 평가]이다. '-아/어 내다'가 가지고 있는 양태적 의미는 [+어려움 극복], [+긍정적 평가]이다. 본서에서는 그들이 가지고 있는 각각의 상적 의미와 양태적 의미에 따라 문항을 출제했다.

　문항의 설정도구는 최선답형 문법성 판단 테스트이다[31]. 본 조사는 중국어권 학습자들이 각 의미별의 보조용언의 의미를 정확하게 이해하고 있는지 그 양상을 살펴보기 위하여 최선답형 문법성 판단 테스트 형식의 문항을 만들었다. 이런 형식의 문항은 피험자에게 대화문을 제시하여 대화문의 일부분을 빈칸으로 두고 4개의 선택 항목 중에서 대화 내용과 가장 자연스러운 항목을 선택하게 하는 유형이며 실험 문항의 실제는 다음과 같다.

31　최선답형(Best-answer Variety) 문법성 판단 테스트는 여러 가지의 답안 중에서 '가장 맞는 답'을 선택하게 하는 방법으로 객관식 선다형(選多型, multiple choice form) 형식의 하나이다.

〈표 42〉 의미적 특성에 따른 조사의 문항유형

다음 대화 중 가장 적절하고 자연스럽다고 생각되는 표현을 고르십시오.

A: 요즘 논문 때문에 너무 힘들어.
B: 힘 내, 조금만 더 노력하면 희망이 _____. (밝다)

① 밝아 갈 거야 　　　 ② 밝아 올 거야 　　　 ③ 밝아 버릴 거야
④ 밝아 낼 거야 　　　 ⑤ 잘 모르겠다

이러한 유형의 문항은 4가지 보기 중에서 가장 적합한 답을 선택하는 시험 유형이다. 이 실험 내용은 주로 진행, 보유, 종결 보조용언을 목표 항목으로 다루고 있다. 각 의미별 보조용언이 여러 개 있어 중국인 한국어 학습자들이 고급학습자임에도 불구하고 각 의미별 보조용언을 오용하고 제대로 습득하지 못할 것이라 추측된다. 따라서 학습자의 보조용언 습득양상을 조사하기 위해 의미별 보조용언들을 각각의 의미에 따라 두, 세 개씩 문제를 출제했다. 답안 또한 각 의미별 보조용언들로 구성되어 있으며, 총 16문항으로 설문지 첫 번째 부분을 구성했다. 문항별 보조용언의 분포 상황을 제시하면 다음 〈표 43〉과 같다.

〈표 43〉 습득양상 조사 설문지 첫 번째 부분 문항 구성

분류(의미)	의미 특징	보조용언 항목	문항
상적 의미[32]	[+진행]	'-아/어 가다'	N16
		'-아/어 오다'	N13
	[+상태변화 지속]	'-아/어 가다'	N3, N5
		'-아/어 오다'	N1
	[+동작 진행]	'-고 있다'	N4, N12
	[+종결]	'-아/어 내다'	N11, N7
		'-아/어 버리다'	N8, N15
	[+결과지속]	'-아/어 두다'	N14, N10
		'-아/어 놓다'	N6, N2, N9
양태적 의미	[+긍정적 평가]	'-아/어 가다'	N3
		'-아/어 내다'	N7
		'-아/어 버리다'	N8
		'-아/어 놓다'	N6
	[-긍정적 평가]	'-아/어 가다'	N5
		'-아/어 버리다'	N15
	[+어려움 극복]	'-아/어 내다'	N7, N11
	[+부담 제거]	'-아/어 버리다'	N8
	[+아쉬움]	'-아/어 버리다'	N15
	[+미리준비]	'-아/어 두다'	N10
		'-아/어 놓다'	N2

2) 선행동사 제약에 따른 조사

설문조사의 두 번째 부분은 실험의 참여자들이 '선행동사 제약'에

---

32 본서의 3장 3.4에서 본 설문지에서 다루고 있는 보조용언들의 상적 의미와 양태적
의미에 대하여 자세한 설명이 있다.

대해 어느 정도의 인식을 가지고 있는지 조사했다.

보조용언의 선행용언 결합제약 상황에 대하여 본서의 3.3.3에서 살펴본 것과 같이 각 동사를 유형별로 보조용언과 결합시켜 제약 상황을 살펴보았다. 그 결과 한국어의 보조용언이 선행동사의 제약을 많이 받는다는 것을 알게 되었고 각 동작류마다 동사를 두 개 씩 골라 보조용언과의 결합양상을 제시하면 아래 〈표 44〉, 〈표 45〉와 같다.

〈표 44〉 동사유형별 진행방향 보조용언과의 결합

선행동사			진행방향성 보조용언		
동사유형	예시	중국어	-어 가다	-어 오다	-고 있다₁
행위동사	말하다	说	*	*	○
	놀다	玩	*	*	○
완성동사	결혼하다	结婚	*	*	○
	졸업하다	毕业	*	*	*
순간동사	때리다	打	*	*	○
	묻다	问	○	○	○
이동동사	앉다	坐	○	○	○
	닫다	关	*	*	○
상태동사	예쁘다	漂亮	*	*	*
	크다	大	*	*	○
심리동사	믿다	信	○	○	○
	생각하다	想	○	○	○

〈표 45〉 동사유형별 보유 완료 보조용언과의 결합

선행동사			보유 완료 보조용언			
동사유형	예시	중국어	-어 두다	-어 놓다	-어 버리다	-어 내다
행위동사	울다	哭	*	*	○	*
	말하다	说	○	○	○	*
완성동사	결혼하다	结婚	*	*	○	*
	입다	穿	○	*	○	*
순간동사	때리다	打	*	*	○	*
	묻다	問	*	*	○	*
이동동사	떠나다	离开	*	*	○	*
	닫다	关	○	○	○	*
상태동사	마르다	渴	*	*	○	*
	크다	大	*	*	○	*
심리동사	믿다	信	○	*	○	*
	생각하다	想	○	○	○	○

이 부분의 문항은 문법성 판단 테스트[33]의 설정도구로 출제하였고 각 동사 유형별로 보조용언과 결합시켜 문장을 만들었다. 이는 보조용언이 선행하는 동사와 결합 가능한지 판단하게 하는 문항 유형이다. 실험 유형의 실제는 아래 〈표 46〉과 같다.

---

33 '문법성 판단 테스트'는 주어진 문장을 보고 그 문장이 문법적으로 맞는지 틀린지 를 판단하는 테스트 유형이다.

〈표 46〉 보조용언의 동사유형별 문법성 판단 테스트 문항 유형

진행방향성 보조용언	동작류	문장	답
'-아/어 가다'	행위동사	동생은 영화를 보고 슬퍼서 울어 갔다.	*
	완성동사	아름다운 삶의 향기를 고객님과 함께 만들어가겠습니다.	○
	순간동사	분노가 갑자기 폭발해 갔다.	*
	이동동사	엄마는 창문을 닫아 갔다.	*
	상태동사	동생은 그 동안 키가 많이 커 갔다.	*
	심리동사	영희는 남자 친구의 말을 그대로 믿어 갔다.	*
보유완료성 보조용언	동작류	문장	답
'-아/어 내다'	행위동사	동생은 영화를 보고 슬퍼서 울어 냈다.	*
	완성동사	기도의 힘으로 기적을 만들어 낼 수 있다.	○
	순간동사	분노가 갑자기 폭발해 냈다.	*
	이동동사	엄마는 창문을 닫아 냈다.	*
	상태동사	동생은 그 동안 키가 많이 커 냈다.	*
	심리동사	영희는 남자 친구의 말을 그대로 믿어 냈다.	*

행위동사 '울다'가 완료점이 없고 [지향적 변이] 의미 자질도 없기 때문에 '-아/어 가다'와 결합이 어색하며 상태동사 '크다'와 '-아/어 가다'의 결합도 어색하다. 또한 완성동사의 경우 [지향적 변이]의 의미 자질을 가지는 '만들다'와만 결합이 가능하다. 순간동사인 '폭발하다'는 [지향적 변이]의 의미자질이 없으므로 결합이 불가능하다. 심리 인지동사의 경우 [지향적 변이]의 의미자질을 내포하지 않기 때문에 결합이 어색하다.

행위동사 '울다'가 완료점이 없고 동사 자체가 [극복]의 의미 자질을 내포하지 않기 때문에 '-아/어 내다'와 결합이 어색하며 상태동사

'크다'와 '-아/어 내다'의 결합도 어색하다. 완성동사인 '만들다'는
[극복]의 의미 자질을 가지고 있기 때문에 '-아/어 내다'와 결합이 자
연스럽다. 순간동사 '폭발하다'는 [극복]의 의미자질이 없으므로 결
합이 불가능하다. 하지만 심리동사의 경우 [극복]의 의미자질을 내
포하지 않기 때문에 결합하기가 어색하다.

위의 예문을 분석하면 각 보조용언이 선행용언과의 결합제약이
많은 것으로 보인다. 한국어를 모어로 하는 화자는 직관적으로 판단
이 가능하지만 중국인 학습자들은 직관이 없이는 판단하기가 어려
울 것이라고 예측할 수 있다. 본 조사는 중국인 학습자들이 보조용
언의 선행동사의 제약에 대해서 잘 파악하고 있는지를 고찰하고자
한다.

2.4. 조사 결과

본 절에서는 60명의 중국 현지 학습자와 한국에서 유학중인 60명
의 중국인 학습자를 대상으로 한 조사 자료를 수집하고 조사결과를
분석했다.

2.4.1. 의미적 특성에 따른 조사 결과

이 부분의 설문 문항은 크게 두 가지 영역, 즉 상적 의미, 양태적
의미로 나누었다고 언급했다. 상적 의미는 또 다시 진행, 상태변화

지속, 동작 진행, 종결, 결과지속으로 나누었으며 양태적 의미는 다시 [+긍정적 평가와 [-긍정적 평가], [+미리준비], [+아쉬움], [+어려움 극복]로 나누었다.

아래 [그림 4], [그림 5]는 설문조사의 데이터를 근거하여 중국인 학습자들이 보조용언의 각 의미 영역에 따른 정답률을 그래프화한 것이다. 한국에서 유학경험 있는 한국어 학습자의 조사인원 60명의 평균 정답률은 69%를 나타내고, 중국 현지 한국어 학습자의 조사인원 60명의 평균 정답률은 62%를 나타냈다. 총 16개 문항 중 최고 득점자는 14점(정답률 87%)이었다.

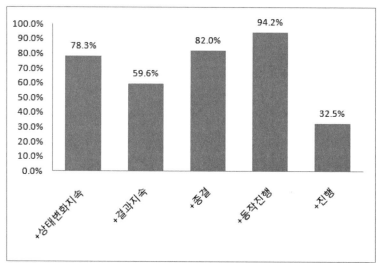

[그림 4] 유학중인 한국어 학습자들의 보조용언 이해 능력

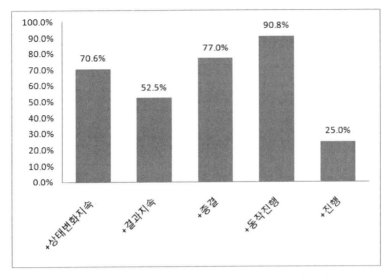

[그림 5] 중국 현지 한국어 학습자들의 보조용언 이해 능력

1) 가설 ①의 분석 및 결과

가설 ①:

중국어와 대응관계를 가진 보조용언은 정답률이 높고 반대로 중국어와 대응관계가 없는 보조용언은 정답률이 아주 낮다. 예를 들어, '-고 있다', '-아/어 버리다', '-아/어 내다'는 중국어에서 확실한 대응표현이 있어 중국인 학습자들이 이와 같은 보조용언을 잘 습득하고 있었다. 반면 '-아/어 두다, -아/어 놓다'는 중국어와 일정한 대응표현이 없어서 중국인 학습자들이 이러한 보조용언들을 습득하는데 있어서 어려움을 보이고 있다.

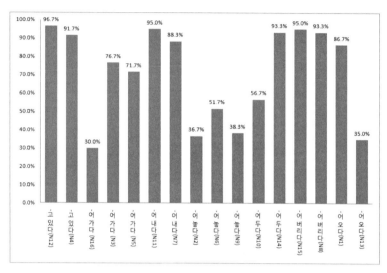

[그림 6] 각 보조용언 문항의 정답률(유학생 한국어 학습자)

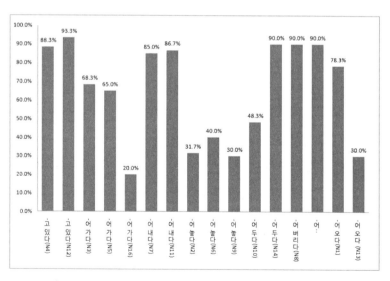

[그림 7] 각 보조용언 문항의 정답률(중국 현지 한국어 학습자)

[그림 6]과 [그림 7]을 보면 각 보조용언의 정답률이 아주 다른 것으로 보인다. 정답률이 높은 보조용언을 순서대로 정리하면 '-고 있다', '-아/어 내다', '-아/어 버리다', 이다. 정답률이 낮은 것은 순서대로 살펴보면 '-아/어 가다', '-아/어 오다', '-아/어 놓다', '-아/어 두다'이다. 이 결과만 보면 중국인 학습자들은 중국어와 대응관계를 가진 보조용언에서 그 습득율이 높았다. 따라서 앞서 세웠던 가설 ①의 내용과 일치한다고 판단할 수 있다.

2) 가설 ②의 분석 및 결과

가설 ②:

중국인 학습자들은 문맥에 따라 다른 기능과 의미를 가진 보조용언에 대하여 이해 능력이 다르다. 예를 들어, '-어 버리다'는 상황에 따라 [+아쉬움]의 의미를 나타낼 때도 있고, [+부담 제거]라는 의미를 나타낼 때도 있는데, 두 가지 의미에 대하여 학습자들의 이해 능력이 다르다.

다음으로 문맥에 따라 다른 기능으로 사용되는 각 보조용언의 정답률을 살펴보겠다.

첫째, '-아/어 오다'는 두 가지 상적 의미를 가지고 있는 보조용언이다. 문항1에서의 '아/어 오다'는 [+상태변화 지속]의미를 나타내는 것이고, 문항13에서는 [+진행]의 의미를 나타내는 것이다. 같은 '-아/어 오다'인데도 불구하고 나타내는 상적 의미가 다르므로 정답률도 아주 다르게 나타났다. [+상태변화 지속] 의미를 나타낼 때 평균 정답률이 82.5%이었는데 [+진행]의 의미를 나타낼 때는 평균 정답률

_ 189

이 32.5%밖에 안 된다. 이런 의외의 결과가 나온 원인을 알아보기 위해 오답자 10명한테 인터뷰를 실시했다. 13번 문항의 오답자들은 대부분 '-아/어 가다'를 선택했다. 그들은 대부분 '견뎌 오다'와 '견뎌 가다'를 확실하게 구분하지 못했다. 즉 현재를 기준으로 하면 '가다'는 미래이고, '오다'는 과거라는 '지향적'자질을 가지고 있는데 중국인 학습자들이 그 '지향적'자질에 대한 이해가 상당히 부족하다는 것을 알 수 있다.

〈표 47〉 보조용언 '-아/어 오다'의 정답률

문항	상적 의미	정답률		
		유학생	중국 현지	평균
N1	+상태변화지속	86.7%	78.3%	82.5%
N13	+진행	35%	30%	32.5%

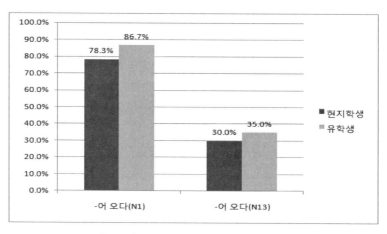

[그림 8] 보조용언 '-아/어 오다'의 정답률

둘째, 보조용언 '-아/어 가다'도 두 가지 상적 의미를 가지고 있다. 문항3과 문항5에서는 [+상태변화 지속]의미를 나타내며, 문항16에서는 [+진행]의 의미를 나타낸다. 같은 '-아/어 가다'인데 상적 의미에 따라 정답률이 아주 다르게 나타났다. [+상태변화 지속]의미를 나타낼 때 평균 정답률이 72.5%와 68.4이었는데 [+진행]의 의미를 나타낼 때 평균 정답률이 25%밖에 되지 않았다. 그 원인을 알아보기 위해서 오답자 10명한테 인터뷰를 실시했다. 16번 문항의 오답자들이 선택한 항목은 모두 달랐다. 그들은 '갚아 가다'에 대한 직관이 없었으며 '갚다'와 '-어 가다'의 결합 형식을 본 적이 없다고 대답했다. 이 중의 '가다'의 의미가 무엇인지 모른다는 대답이 많았다.

〈표 48〉 보조용언 '-아/어 가다'의 정답률

문항	상적 의미	양태적 의미	정답률		
			유학생	중국 현지	평균
N3	+상태변화지속	+ 긍정적 평가	76.7%	68.3%	72.5%
N5		-긍정적 평가	71.7%	65%	68.4%
N16	+진행	+긍정적 평가	30%	20%	25%

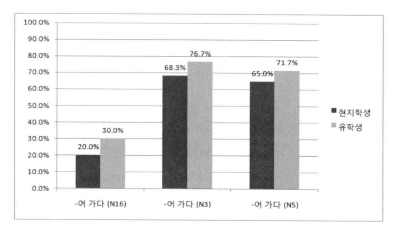

[그림 9] 보조용언 '-아/어 가다'의 정답률

셋째, 보조용언 '-고 있다³⁴'는 [+동작 진행]의 의미를 나타내는 보
조용언이다. 중국어와 대응되는 표현은 부사 '在, 正在'이다. '-고 있
다'의 두 문항이 모두 높은 정답률을 나타낸다. 중국인 학습자들은
'-고 있다'를 일반적으로 쉽게 습득하는데 그것은 '-고 있다'의 상적
의미가 단순하고 양태적 의미가 없기 때문이다.

〈표 49〉 보조용언 '-고 있다'의 정답률

문항	상적 의미	정답률		
		유학생	중국 현지	평균
N4	+동작진행	91.7%	88.3%	90%
N12		96.7%	93.3%	95%

---

34 '-고 있다'는 '-고 있다₁'와 '-고 있다₂'로 나눌 수 있다. 여기의 '-고 있다'는 '-고 있
다₁'를 가리킨다. 즉 '-고 있다₁'는 진행의 의미를 가지는 보조용언이고 '-고 있다₂'
는 일부선행동사 뒤에 나타날 때 '결과지속'이라는 의미를 나타낸다.

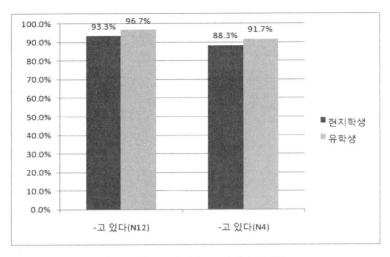

[그림 10] 보조용언 '-고 있다'의 정답률

넷째, 보조용언 '-아/어 두다'는 상적 의미와 양태적 의미를 모두 가지고 있다. 10번 문항의 평균 정답률이 52.5%이고, 14번 문항의 평균 정답률이 91.6%로 14번 문항의 정답률이 훨씬 더 높게 나타났다. 10번 문항에서는 '-아/어 두다'가 상적 의미와 양태적 의미를 모두 나타내고 있는 반면에 14번 문항에서는 '-아/어 두가'가 상적 의미만 나타낸다. 이것으로 14번 문항보다 10번 문항의 의미가 훨씬 복잡하다는 것을 알 수 있고 의미가 복잡할수록 학습자들이 이해하기가 더욱 어렵다는 것 또한 추측할 수 있다. 이런 판단을 증명하기 위해 오답자 10명에게 인터뷰를 실시했다. 오답자들 대부분이 '써 두다'라는 표현보다는 '놓아 두다'라는 표현을 많이 들어봤기 때문에 '써 두다'의 의미를 정확하게 모른다고 했다. 또한 '어 두다'의 [+미리준비]라는 양태적 의미를 아예 모른다고 한 오답자가 대부분이었다.

_ 193

〈표 50〉 보조용언 '-아/어 두다'의 정답률

문항	상적 의미	양태적 의미	정답률		
			유학생	중국 현지	평균
N9	+결과지속	+ 미리 준비	56.7%	48.3%	52.5%
N14		-	93.3%	90%	91.6%

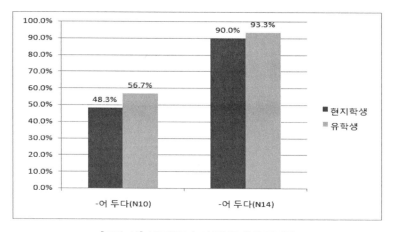

[그림 11] 보조용언 '-아/어 두다'의 정답률

　다섯째, 보조용언 '-아/어 놓다'는 두 가지 상적 의미와 두 가지 양태적 의미를 가지고 있다. '-아/어 놓다' 문항의 정답률이 모두 낮은 것으로 보인다. 2번 문항의 평균 정답률이 34.2%이며 6번 문항의 정답률이 45.8%, 마지막 9번 문항의 평균 정답률이 34%로 세 가지 문항 모두 정답률이 낮은 것으로 나타난다. 이것은 문맥에 따라 다른 기능과 의미를 가진 보조용언에 대한 이해 능력이 같지 않고 보조용언의 상적 의미와 양태적 의미가 복잡하고 많을수록 습득능력이 약하다는 것을 증명하고 있다.

〈표 51〉 보조용언 '-아/어 놓다'의 정답률

문항	상적 의미	양태적 의미	정답률		
			유학생	중국 현지	평균
N2	+결과지속	+ 미리준비	36.7%	31.7%	34.2%
N6		+긍정적 평가	51.7%	40%	45.8%
N9	+종결	-	38.3%	30%	34%

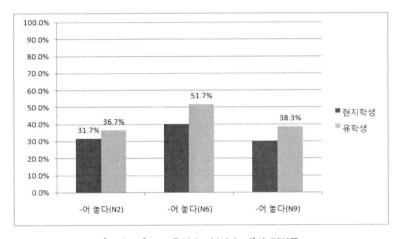

[그림 12] 보조용언 '-아/어 놓다'의 정답률

여섯째, 보조용언 '-아/어 내다'는 상적 의미가 하나이고 양태적 의미가 두 가지이다. 7번 문항과 11번 문항의 평균 정답률은 각각 86.6%와 90.8%로 비교적 높지만 앞의 결과와 같이 두 개의 양태적 의미를 가지고 있는 7번 문항이 11번 문항의 정답률보다 약간 낮게 나타났다. 즉 이 결과 또한 상적 의미와 양태적 의미가 복잡하고 많을수록 습득 능력이 약하다는 것을 증명할 수 있다.

〈표 52〉 보조용언 '-아/어 내다'의 정답률

문항	상적 의미	양태적 의미	정답률		
			유학생	중국 현지	평균
N7	+종결	+ 긍정적 평가 - 어려움 극복	88.3%	85%	86.6%
N11		-어려움 극복	95%	86.7%	90.8%

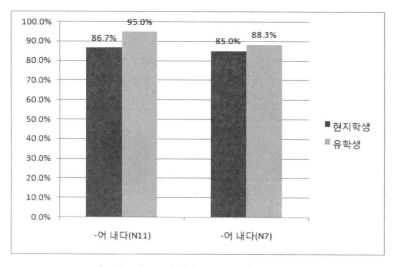

[그림 13] 보조용언 '-아/어 내다'의 정답률

일곱 번째, 보조용언 '-아/어 버리다'는 상적 의미와 양태적 의미
를 모두 가진 보조용언이다. [+부담 제거]의 의미를 나타내는 8번 문
항의 평균 정답률은 94%이며, [+아쉬움]의 의미를 나타내는 15번 문
항은 90%로 두 문항 모두 높은 정답률을 보여주고 있다. 이것은 한
국어 고급학습자들이 '-아/어 버리다'의 용법에 대해 아주 잘 습득하
고 있다 것을 유추할 수 있는데, '-아/어 버리다'는 중국어에서 대등

되는 표현이 있고 상적 의미와 양태적 의미가 단순하고 이해하기가
쉽기 때문일 수 있다.

〈표 53〉 보조용언 '–아/어 버리다'의 정답률

문항	상적 의미	양태적 의미	정답률		
			유학생	중국 현지	평균
N8	+종결	+ 부담제거	93.3%	95%	94.2%
N15		+ 아쉬움	90%	90%	90%

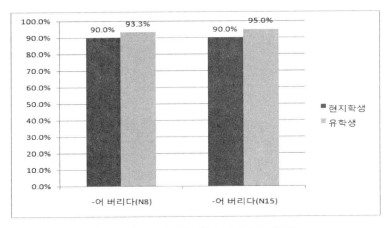

[그림 14] 보조용언 '–아/어 버리다'의 정답률

위의 분석 결과를 종합해 보면 가설 ②에서 서술했던 내용과 일치
한다. 즉 같은 보조용언이라 할지라도 문맥에 따라 의미 기능이 다
르게 나타나며 중국인 학습자들은 이에 대해 이해 능력의 차이를 보
인다. 뿐만 아니라 상적의미와 양태적의미를 동시에 나타낼 때 학습
자들은 의미 파악에 어려움을 겪었다.

_ 197

3) 가설 ③의 분석 및 결과

가설 ③:

현지 중국인 학습자보다 한국에서 유학 경험이 있는 학습자들이 보조용언에 대한 이해력이 강하다는 것이다.

아래 〈표 54〉를 보면 유학생은 중국 현지 학습자들보다 정답률이 보편적으로 높은 것으로 보인다. 특히 문항 1, 3, 10, 11, 16은 각 '-어 가다', '-어 놓다', '-어 두다' 등의 문항이다. 이 문항들의 정답률은 유학생과 현지 학습자가 큰 차이를 보였다. 이 문항들에서의 보조용언은 중국어와 확실한 대응표현이 없다. 그러나 중국어와 일정한 대응표현이 있는 보조용언들의 정답률은 두 집단의 차이가 뚜렷하지 않았다.

〈표 54〉 유학생과 중국 현지학생의 각 문항별 정답률 대조표

문항	유학생	현지학습자	차이	문항	유학생	현지학습자	차이
1	87%	78%	9%	9	38%	30%	8%
2	37%	32%	5%	10	57%	48%	9%
3	77%%	68%	9%	11	95%	86%	9%
4	92%	88%	4%	12	97%	93%	4%
5	72%	65%	7%	13	35%	30%	5%
6	52%	40%	8%	14	93%	90%	3%
7	88%	85%	3%	15	95%	90%	5%
8	93%	90%	3%	16	30%	30%	10%
유학생 평균			현지학습자 평균			차이	
71%			64%			7%	

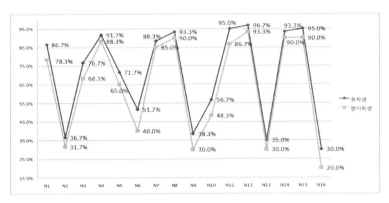

[그림 15] 유학생과 중국 현지학생의 각 문항별 정답률 대조

위의 조사 결과를 분석하면 한국어와 대응관계가 없는 보조용언 문
항들은 중국현지 학습자들의 정답률이 유학생보다 많이 낮았다. 이
결과는 '-어 가다, -어 오다, -어 두다, -어 놓다'의 상적 의미와 양태적
의미를 정확하게 이해하려면 언어 환경이 필요하다는 것을 반영한다.
언어 환경을 떠나면 이런 보조용언들의 의미를 이해하기 어렵다. 따
라서 수업시간에 중국어와 대응관계가 없는 보조용언들을 가르칠 때
교사의 설명보다는 대화 상황을 제시하고 대화 내용을 보여주면서 학
습자들이 스스로 그 의미를 파악할 때까지 반복 학습이 중요하다.

2.4.2. 선행동사 제약에 따른 조사의 결과

1) 가설 ④의 분석 및 결과
가설 ④:
보조용언은 선행동사에 있어서 제약이 많은데 중국인 학습자들

은 그 제약에 대해서 직관이 없기 때문에 파악하기가 어렵다. 특히 동사제약에 있어서 중국어와 한국어가 차이가 있으므로 모국어 영향을 받은 중국인 학습자들은 한국어 보조용언의 선행동사의 제약에 대해서 잘 파악이 되지 않는다. 아래 [그림 16]은 각 보조용언의 선행동사 제약에 관한 조사결과를 그래프화한 것이다.

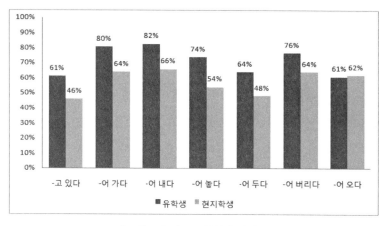

[그림 16] 각 보조용언의 정답률

위의 조사 결과에 따르면 중국인 학습자들이 보조용언의 선행용언 제약에 대한 인식과 이해가 아주 부족하다는 것을 알 수 있다. 유학생과 현지 학생의 조사인원은 각 60명이었고 평균 정답률은 각 70%와 58%로 나타났다. 전체 평균 정답률은 64%이며 학습자 중 최고 득점은 36점(88%)이었다. 이중에 정답률이 가장 높은 보조용언은 '-아/어 내다'였다. 유학생과 현지 학생의 정답률은 각 82%와 66%로 나타났다. 정답률이 가장 낮은 보조용언은 유학생의 '-고 있다'와 현지학생의 '-어 두다'이었다. 유학생의 '-고 있다'의 정답률은 58%이고, 현지 학생의 '-어 두다'의 정답률은 48%로 나타났다. 이 결과를 통해 중국인 학습자들의 보조용언의 선행동사 제약에 대한 파악이 많이 부족하다는 것을 증명할 수 있다. 이 결과는 앞에 세웠던 가설 ④의 내용과 일치했다.

2) 가설 ⑤의 분석 및 결과

가설 ⑤:

중국인 학습자들은 각 보조용언의 선행동사의 유형에 따라 각각 그 제약에 대한 이해가 다를 것이다. 예를 들어, 같은 보조용언 '-고 있다'는 선행동사가 완성동사일 때와 심리동사일 때에 정답률이 다를 것이다. 하나씩 논거를 살펴보면서 가설⑤의 추론이 맞는지 검증해 보겠다.

첫째, 보조용언 '-고 있다' 의 각 문항별 정답률

앞선 조사에서는 의미에 따른 '-고 있다'에 대해 평균 92.5%의 정답률을 보여주었지만 선행동사의 제약에 따른 조사에서 '-고 있다'의 평균 정답률은 55%로 나타났다. 문항 중에 정답률이 가장 낮은 것은 선행동사가 순간동사, 상태동사, 이동동사일 때이다. 그 원인을 알아보기 위해 10명의 설문조사 대상에게 사후 인터뷰를 했다. 대답 중에 순간동사인 '폭발하다'는 부사 '갑자기'와 공기할 수 없다고 생각하기 때문에 비문이라고 판단했다는 대답이 가장 많았다. 그 이유는 중국어의 문장에서 '갑자기'와 '-고 있다'는 공기할 수 없는

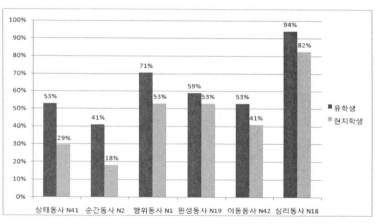

존재이기 때문이다. 또한, 학습자들은 중국어에서 '떠나다'와 '-고 있다'는 결합이 안 되는 존재이기 때문에 이동동사인 '떠나다'와 '-고 있다'가 결합될 수 없다고 생각했다. 상태동사 '크다'도 중국어에서는 '-고 있다'와 결합할 수 없기 때문에 많은 학습자가 비문이라고 판단했다. 결국 선행동사에 따라 정답률이 다르며 이것은 중국어의 영향을 많이 받았기 때문이라고 볼 수 있다.

[그림 17] 보조용언 '-고 있다'의 선행용언에 따른 정답률

둘째, 보조용언 '-아/어 가다'의 각 문항별의 정답률

'-아/어 가다'의 평균 정답률은 72%이다. 이것 또한 정답률이 높은 것은 아니다. 이중에 정답률이 가장 낮은 것은 선행동사가 심리 동사, 상태동사일 때이고, 정답률이 가장 높은 것은 선행동사가 순간동사, 행위동사일 때이다. 구체적인 사례를 보면, 문항 3번은 선행동사가 상태동사 '크다'였다. 문항 12번은 선행동사가 심리동사 '밑

다'였다. 두 동사 모두 문장에서 '-아/어 가다'와 결합할 수 없지만 많은 응답자들이 맞는 문장이라고 판단했다. 그 원인을 알아보기 위해 10명 응답자에게 사후 인터뷰를 한 결과 대부분 '-아/어 가다'의 미세한 의미를 이해하지 못했고 선행 동사의 제약에 직관이 없어서 판단하기 어렵다는 대답이 가장 많았다. 이 또한 모국어와 대응표현이 없으면 중국인 학습자들이 보조용언의 의미를 이해하기 어렵다는 것을 알 수 있다.

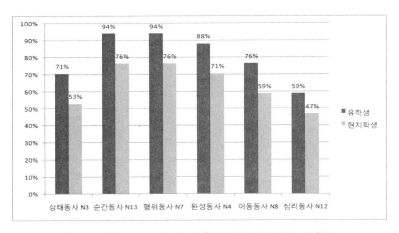

[그림 18] 보조용언 '-어 가다'의 선행용언에 따른 정답률

셋째, 보조용언 '-어 내다'의 각 문항별 정답률

'-어 내다'의 평균 정답률이 74%이다. 전체 평균 정답률인 64%보다 높은 편이다. 이중에 문항 9번, 선행동사가 순간동사일 때 가장 낮았고, 문항 11번, 상태동사일 때 가장 높았다. 그 원인을 알아보기 위해 인터뷰를 했다. 중국인 학습자들은 보조용언 '-아/어 내다'의

의미가 '노력을 해서 어떤 어려움을 극복한다는 의미'라고 해석하고
있다. 중국어와 확실하게 대응되는 표현이 있어서 이해 능력이 강한
것으로 보인다. 하지만 선행동사의 제약에 대해서는 모국어의 사고
방식으로 판단할 수밖에 없다고 말했다. 따라서 '폭발하다'는 중국
어에서 '-어 내다'와 결합이 가능한 것에 비해 한국어에서는 안 된다
는 것을 중국인 학습자들은 직관이 없어 파악이 어렵다고 대답했다.

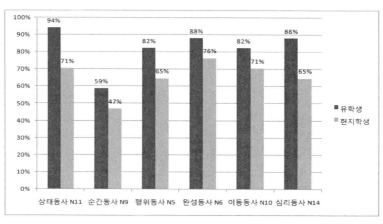

[그림 19] 보조용언 '-어 내다'의 선행용언에 따른 정답률

넷째, 보조용언 '-아/어 놓다'의 각 문항별 정답률

보조용언 '-아/어 놓다'의 평균 정답률이 64%이다. 이것은 전체
평균 정답률과 같으며 이 중에 정답률이 가장 높은 것은 21번 문항,
선행동사가 심리동사일 때이다. 정답률이 가장 낮은 것은 23번 문항,
선행동사가 완성동사일 때이다. 21번 문항에서 '믿어 놓았다'는 부
자연스러운 표현이고, 23번 문항에서의 '이루어 놓았다'는 자연스러

운 표현이다. 인터뷰의 결과는 중국인 학습자가 '-아/어 놓다'의 상
적 의미와 양태적 의미를 정확하게 이해하지 못하고 선행동사의 제
약도 직관이 없어서 판단하기 어렵다는 대답이 많았다.

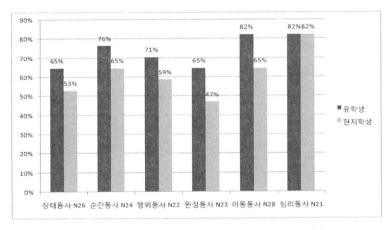

[그림 20] 보조용언 '-어 놓다'의 선행용언에 따른 정답률

다섯째, 보조용언 '-어 두다'의 각 문항별 정답률

보조용언 '-아/어 두다'의 평균 정답률이 56%이며 전체 평균 정답
률보다 낮은 결과이다. 이 중에 정답률이 가장 낮은 15번 문항, 선행
동사가 심리동사일 때와 25번 문항, 선행동사가 이동동사일 때였다.
정답률이 가장 높은 것은 20번 문항, 선행동사가 상태동사일 때이다.
15번 문항에서의 '믿어 두었다'는 10명의 한국 원어민 모두 답이 어
색하고 부자연스러운 표현이라고 했다. 하지만 80%이상의 중국인
학습자들이 모두 맞는 표현이라고 대답했다. 반면에 25번 문항에서
의 '달아 두었다'는 10명의 한국 원어민이 모두 맞는 표현이라고 대

답했지만 70% 이상의 중국인 학습자들이 틀린 표현이라고 대답했다. 오답자 10명에게 사후 인터뷰를 했다. 대부분 학습자들이 '-어 두다'에서 내포된 상적 의미와 양태적 의미를 모른다고 답했다. 또한 보조용언 선행동사의 제약에 대해서 직관적으로 판단하고 있고 아무 근거도 없다고 대답했다. 앞으로 한국어 보조용언의 교수 학습에 있어서 보조용언의 상적 의미와 양태적 의미를 확실하게 제시하고 선행동사의 제약까지 명확한 설명이 필요하다.

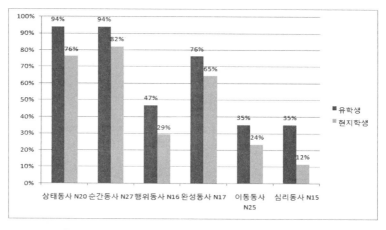

[그림 21] 보조용언 '-어 두다'의 선행용언에 따른 정답률

여섯째, 보조용언 '-어 버리다'의 각 문항별 정답률

보조용언 '-어 버리다' 문항의 평균 정답률은 70%이며 전체 평균 정답률과 같다. 선행동사에 따라 '-어 버리다'의 각 문항별의 정답률은 극단적인 현상을 보여주고 있다. 선행동사가 이동동사일 때는 정답률이 90%이상 이었고 '상태동사'와 '완성동사'일 때는 정답률이

급격히 추락했다. 31번 문항의 정답률은 유학생은 53%, 현지학습자
는 29%로 나타나고, 34번 문항의 정답률은 유학생은 35%, 현지 학습
자는 18%로 나타났다. 31번과 34번 문항을 살펴보면, '커 버렸다'와
'이루어 버렸다'는 모두 가능한 표현인데 중국인 학습자들은 어색하
다고 생각 하였고 사후 인터뷰를 통해 그 이유를 찾아보았다. 대부
분 학습자들이 '-아/어 버리다'가 '부정적인 의미'만 나타낸다고 생
각하고 있다. 즉 '-어 버리다'의 양태적 의미 중에 [+아쉬움]이라는
의미만 알고 [+부담 제거]라는 양태적 의미를 모르고 있다. 이 결과
는 우리에게 좋은 교수 학습 방향을 제시해 주었다. 즉 각 보조용언
은 한가지씩만 양태적 의미를 지닌 것이 아니기 때문에 교수 학습할
때 다른 양태적 의미도 같이 제시해야 한다.

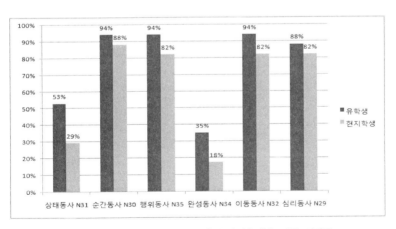

[그림 22] 보조용언 '-어 버리다'의 선행용언에 따른 정답률

일곱 째, 보조용언 '-어 오다'의 각 문항별 정답률

보조용언 '-어 오다'의 평균 정답률은 62%이며 이는 전체 평균 정답률보다 낮다. 특히 선행동사가 행위동사와 순간동사일 때 정답률이 아주 낮은 것으로 보인다. 36번 문항을 살펴보면, 선행동사가 행위동사 '닦다'인데 사실 '닦아 오다'는 비문법적인 표현이다. 그러나 많은 중국인 학습자들이 맞는 표현으로 보았다. 또한, 38번 문항에서는 순간동사 '폭발하다'는 '-어 오다'와의 결합이 불가능한 표현인데 중국인 학습자들이 이것도 맞는 표현이라고 판단했다. 그 원인을 알아보기 위해 사후 인터뷰를 했다. 오답자들은 '-어 오다'가 진행의 의미를 지니고 있고 '닦다'는 계속 진행할 수 있는 동작이라서 '-어 오다'와 결합 가능하다고 대답했다. 이 결과 중국인 학습자들은 '-어 오다'의 진행, 결과지속의 상적 의미를 정확하게 이해하지 못하고 선행동사의 제약에 대해서 인식이 없다는 것을 증명할 수 있다.

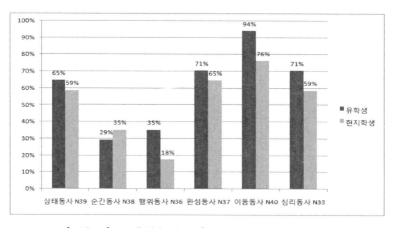

[그림 23] 보조용언 '-어 오다'의 선행용언에 따른 정답률

위의 조사결과를 종합해 보면 가설 ⑤에서 세웠던 내용과 일치하다고 볼 수 있다. 즉 각 보조용언의 선행동사 유형에 따라 그 제약에 대한 이해가 각각 다르다. 그 원인은 두 가지인데 그 중 하나는 직관이 없어서 판단하는 근거가 없기 때문이며, 다른 하나는 모국어의 영향을 많이 받았기 때문이라고 할 수 있다.

3) 가설 ⑥의 분석 및 결과

가설 ⑥

유학생이 중국 현지 학습자보다 선행동사의 제약에 있어서 습득 능력이 강할 것이다.

아래 [그림 24]를 살펴보면 색깔이 진한 선은 유학생의 각 문항별의 정답률이고, 색깔이 연한 선은 현지 학습자의 각 문항별의 정답률이다. 진한 선이 대부분 연한 선 위에 위치하고 있고 일부만 비슷한 정답률로 나타났다. 이것은 선행동사의 제약에 대한 파악에 있어서는 언어 환경이 아주 중요하다는 것을 알 수 있다.

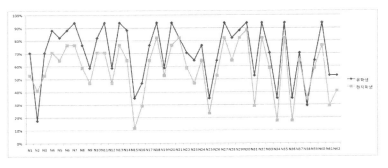

[그림 24] 유학생과 현지학생의 정답률 대조표

2.5. 보조용언 습득양상 분석 결과

한국어 보조용언의 습득양상, 즉 이해 능력 조사를 통해서 아래와 같은 결론을 얻을 수 있다.

1) 중국어와 대응관계를 가진 보조용언에 대한 이해 능력은 강하지만 반대로 중국어와 대응관계가 없는 보조용언에 대한 이해 능력은 저하된다는 결론이다.

2) 보조용언은 다양한 상적 의미와 양태적 의미를 가지고 있는데 중국인 학습자들은 기본적인 의미만 알고 보조용언의 미세한 상적 의미와 양태적 의미는 파악하지 못하고 있다.

3) 현지 중국인 학습자보다 한국에서 유학 경험이 있는 학습자들이 보조용언에 대한 이해력이 강하다.

4) 보조용언의 선행동사에 있어서 제약이 많은데 중국인 학습자들은 그 제약에 대해서 직관이 없기 때문에 파악하기 어렵다. 그 이외에는 모국어 영향을 많이 받아 한국어 보조용언의 선행동사 제약에 대해서는 파악이 안 된다.

5) 각 보조용언에 있어서 선행동사의 유형에 따라 그 제약에 대한 이해가 각각 다르다.

6) 유학생은 중국 현지 학습자보다 선행동사의 제약에 대해서 훨씬 잘 판단하고 있다. 이것은 선행동사의 제약에 대한 파악에서 언어 환경이 아주 중요하다는 것을 증명할 수 있다.

위와 같은 조사 결과에 근거하면 앞으로 보조용언의 교육에 있어서 두 가지 사항을 중요시해야 한다.

첫째, 조사 결과에 따르면 유학생 학습자와 현지 학습자 집단 모두 보조용언의 상적 의미와 양태적 의미를 정확하게 구분하지 못한다는 사실을 알 수 있다. 모두 고급학습자임에도 불구하고 보조용언의 의미 차이와 각 보조용언의 상적의미와 양태적 의미를 완벽하게 이해하지 못했다. 따라서 중국인 학습자들에게 보조용언을 교수할 때는 각 보조용언의 의미를 상세하고 명확하게 설명해야 한다. 각 보조용언과 결합하는 선행동사의 제약에 관한 교육도 더 중요시해야 할 것이다.

둘째, 학습자는 모국어의 영향으로 그 대응관계에 따라 보조용언에 대한 이해 능력이 다르므로 실제 교수 학습할 때는 학습자의 모국어 영향 요소를 고려하여 교수해야 한다. 연구 결과에서도 볼 수 있듯이 많은 중국인 학습자들은 선행동사의 제약에 있어서 모국어의 영향을 받아 오류를 많이 범하게 된다. 그러므로 학습자의 모국어를 고려하여 교수하되 각 보조용언의 특성에 따라 서로 다른 교수 방법을 응용하는 것도 중요하다.

중국인 학습자를 위한
한국어 보조용언의 교육 연구

제5장

한국어 보조용언의
교육 방안 설계

중국인 학습자를 위한
한국어 보조용언의 교육 연구

본 장에서는 위에서 살펴본 한국어 보조용언과 중국어의 대응 상황, 중국인 한국어 학습자 보조용언의 사용양상과 습득양상을 토대로 보조용언의 교수 학습 방안을 마련하고자 한다. 이를 위해 먼저 앞장에서 살펴본 결과를 다시 정리한 후 그것을 바탕으로 정리한 보조용언의 문제점을 해결할 수 있는 보조용언 교수 학습 모형을 설계하고자 한다.

01

중국인 학습자를 위한 보조용언의 교육 방향

본서는 중국인 한국어 학습자를 위한 효과적인 한국어 보조용언의 교수방안을 모색하기 위해 2장, 3장, 4장에서 기초적인 연구를 시도했다. 2장에서는 한국어 보조용언의 개념과 특성, 목록을 살펴보았고 3장에서는 한국어의 보조용언과 중국어의 대응관계를 살펴보았으며, 4장에서는 중국인 고급학습자들의 한국어 보조용언의 사용 양상과 습득양상을 살펴보았다.

2장을 통해 얻게 된 결과는 한국어 보조용언의 특성은 상적 특징과 양태적인 특징을 가지고 있기 때문에 중국인 학습자가 보조용언을 습득하는 데 어려움이 많다는 것이다. 뿐만 아니라 본서에서 정리한 한국어 보조용언은 총 50개로 한국어의 보조용언의 양도 다른 문법 범주보다 많은 것으로 보인다.

3장을 통해 얻게 된 결과는 한국어 보조용언에 대응되는 중국어 표현의 문법 범주가 다양하다는 것이다. 또한 일치한 대응관계가 없고 상황에 따라 다르게 표현하는 것도 많다. 중국어에서는 보조용언이라는 문법범주가 없으니까 많은 중국인 한국어 학습자가 한국어 보조용언을 이해하고 습득하는 데 어려움을 겪는다. 대응관계에 있어서 문법범주 대응관계를 가진 보조용언도 있고 어휘범주의 대응관계를 가진 보조용언도 있으며, 대응관계가 없는 보조용언도 있다. 이러한 복잡한 대응관계가 존재하기 때문에 한국어 보조용언의 교육 방안도 대응관계에 따라 다르게 진행해야 된다고 생각한다.

4장을 통해 얻게 된 것은 중국인 한국어 학습자들의 한국어의 보조용언에 대한 사용 빈도는 낮지 않지만 주로 몇 개의 보조용언에만 한정되어 있고 많은 보조용언들을 거의 사용하지 않으며, 한국어 보조용언에 대한 습득 능력도 아주 낮은 것으로 보인다. 특히 대부분의 학습자가 의미 기능이 비슷한 보조용언을 서로 오용하고 구별하지 못한다. 따라서 중국인 한국어 학습자에게 보조용언을 교수할 때는 보조용언을 실제로 사용하는 데 주목하고 담화 층위의 지도를 위한 방안을 마련해야 한다. 또한, 각 의미별 보조용언들의 기능이 비슷하므로 학습자들이 그 보조용언들을 구별하지 못해 오용하는 것에 대한 해결 방안을 마련해야 한다.

연구 결과를 종합하여 보조용언을 교육시 해결되어야 하는 문제점을 정리해보면 아래 〈표 55〉와 같다.

〈표 55〉 보조용언의 사용과 이해 측면의 문제점

분류	유형	문제점
1	의미적 대응 표현이 있는 보조용언	이해 능력 강함, 일부분만 사용 능력 강함, 대부분 사용 능력 약함, 통사적, 의미적 오류 많음.
2	의미적 대응 표현이 없는 보조용언	이해 능력 약함, 사용 능력 약함.
3	보조용언의 이해와 사용	같은 의미별의 보조용언의 변별 능력 약함.
		보조용언에 내포되는 상적 의미와 양태적 의미를 깊이 이해하지 못함.
		선행동사의 제약을 파악 못함.
4	학습자 문제	현지 학습자가 유학생보다 보조용언에 대한 이해 능력과 사용 능력이 모두 약한 것으로 보인다.

이상의 논의들을 토대로 본서에서 보조용언의 교육 방향과 목표를 아래와 같이 설정했다.

첫째, 보조용언의 교육 방안을 모색할 때 중국어와 대응관계가 있는 보조용언과 대응관계가 없는 보조용언은 각각 다른 방법으로 교육해야 한다.

둘째, 한국어 보조용언의 교육은 이해 측면과 사용 측면을 모두 고려하여 교수해야 한다.

셋째, 한국어 보조용언의 교육은 보조용언의 통사적, 의미적, 화용적 방면을 모두 고려하여 교수해야 한다.

넷째, 한국어 보조용언의 교육은 문장 측면에서 벗어나 담화 차원에서 교수해야 한다.

다섯째, 보조용언들 간의 변별적 차이를 교수해야 한다.

여섯째, 학습자의 모국어 영향 요소를 고려하여 교수해야 한다.

일곱째, 중국 현지 학습자에게 수업 시간에 실제 한국어 환경을 제공해 주어야 한다.

02

중국인 학습자를 위한 보조용언의 교육 모형

2.1. 보조용언의 교수·학습 접근법과 원리

2.1.1 외국어 교수법 및 문법 교육

한국어 보조용언을 교수하는 원리와 방법을 모색할 때 이론적 근거를 필요로 하므로 우리는 외국어 교수법에서의 문법 교수 원리와 방법을 간단히 살펴볼 필요가 있다. 역사적으로 보면 외국어 교수법은 문법번역식, 청각구두식 교수법에서, 인지주의, 의사소통적 접근법으로, 또 다시 과제수행 중심의 언어 교수로 발전해 오면서 각 교수법이 문법을 다루는 관점에 차이가 있었다.

Long(1991)은 외국어 교수의 접근법은 '형태 중심 접근법'부터 '의미 중심 접근법'으로 또 다시 '형태 초점 의사소통 접근법'으로 발전해 왔다고 정리했다.

1) 형태 중심 접근법

형태 중심 접근법의 대표적인 교수법은 '문법번역식 교수법'과 '청각구두식 교수법'이고 '청각구두식, 침묵식, 전신반응 교수법, 구조-기능적 교수요목' 등도 포함된다. 이러한 교수법은 문법의 형태를 중심으로 하여 언어 구조를 교수하는 데 중심을 두었다. 문법 학습은 교수의 설명을 위주로 진행하며 교실 내 활동은 이루어지지 못한다.

2) 의미 중심 접근법

의미중심 접근법에는 '자연적 접근법, 몰입 프로그램[35], 절차적 교수요목[36], 의사소통적 접근법'이 포함된다. 의미중심 접근법은 문법의 형태보다는 의미를 중심으로 하여 상황에 맞게 문법을 사용하는 능력을 키우기 위해 언어 사용상황을 강조했다. 유창성을 방해하지 않기 위해 문법의 형태를 중요시하지 않았다.

3) 형태 초점 의사소통 접근법

형태 초점 의사소통 접근법에는 주로 '과제수행 중심 언어교수[37], 내용 중심의 언어교수, 과정 중심의 교수요목' 등이 포함된다. 형태 초점 의사소통 접근법은 유창성을 강조하는 동시에 정확성도 같이

---

35 몰입 프로그램: Immersion
36 절차적 교수요목: Procedural Syllabus
37 과정 수행 중심의 언어 교수: TBLT. 내용중심의 언어교수: Content-based LT. 과정 중심의 교수요목: Process Syllabus

강조하는 문법 교수법이다. 이 교수법은 의사소통 활동을 통해 문법이 저절로 습득되는 것이 아니라고 본다. 따라서 의사소통 활동을 수행하기 전에 언어 자료를 주고 학습자로 하여금 주어진 자료에서 나타난 문법을 주목하고 의식적으로 인식할 수 있게 강조한다. 이러한 문법 교수법은 유창성과 정확성을 모두 중요시 하고 동시에 향상시키는 목적이므로 절충적인 언어 교수법이라고 할 수 있다.

2.1.2. 형태 초점 의사소통 접근법의 보조용언 교수·학습 적용

실제 한국어 교육 현장에서 시간적인 한계, 교육 과정의 요구, 교재의 국한성 등의 영향으로 문법의 형태와 의미를 중심으로 진행하는 수업을 주로 진행되고 있다. 이로 인해 중국인 학습자들의 문법 사용 능력은 많이 부족하다. 실제 의사소통 상황에서 정확하고 자연스러운 보조용언을 사용할 수 있게 하기 위해서는 이해의 측면을 강조할 뿐만 아니라 사용의 측면에서도 강조해야 한다. 본 연구는 중국인 학습자들이 보조용언의 통사적 특징, 의미적 기능을 정확하게 이해하며 의사소통할 때 적절하게 사용할 수 있게 교육하는 데 목적이 있다. 이런 목적에서 출발하여 보조용언을 교수할 때는 그의 형태, 의미, 사용 측면을 모두 고려해야 할 것이다. 이에 가장 적합한 교수법이 형태 초점 의사소통 접근법이라고 생각된다.

1) 형태 초점 의사소통 접근법의 보조용언 교수·학습 적용

Doughty & Williams(1998)에서는 형태 초점 의사소통 교수법을

구현하는 모든 기법들을 제시했다. 이 기법들을 통해 각각의 보조용
언을 교수·학습할 때 어떻게 적용하는지 살펴보자. 형태 초점 과제
와 기법 내용은 아래 [그림 25]과 같다.

[그림 25] 형태 초점 과제와 기법

① 입력 쇄도

입력 쇄도는 비명시적으로 학습자에게 적극적으로 언어자료를
제공하여 특정 언어 형태에 대하여 자연스럽게 주목하게 하는 방법
이다. 이 방법을 통해 보조용언에 대한 이해 능력과 사용 능력을 모
두 향상시킬 수 있다.

② 입력 강화

입력강화는 교사가 학습자의 주의를 끌기 위해 여러 가지 기법을
사용하는 것을 말한다. 주로 시청각적인 입력을 통해 의식 상승을
시키는 것을 가리킨다. 이 방법도 보조용언에 대한 이해 능력과 사
용 능력을 향상시키는 데 도움이 될 수 있다. 그리고 중국현지 학습
자에게 이 방법을 통해 교실에서 한국어 언어 환경을 제공해 줄 수

있다.

③ 입력 처리

입력 처리는 반복적인 연습을 통해 이해시키거나 산출에서의 정확성을 요구하는 것이 아니다. 해당 문법의 특징을 인지하고 이해시키는 것을 강조한다. 입력 처리 기법도 중국어에 대응표현이 없는 보조용언을 교수할 때 가장 적합한 기법이다.

④ 의식 상승

문법 의식 상승은 학습자에게 문법 지식을 설명하는 것이 아닌 학습자가 스스로 그 문법을 습득할 수 있도록 특정 문법에 주목하게 하고 의식을 상승시키도록 하는 것을 목표로 한다. 중국어에 대응표현이 없는 보조용언들을 교수할 때 이 기법을 응용할 수 있다.

⑤ 의미 협상

교사와 학습자, 그리고 학습자 간 의사소통중 문제가 생겼을 때 서로의 의사를 전달하기 위해 발화 방식이나 용어를 조정하는 데 사용하는 방법이다. 이 기법은 교사가 보조용언의 의미를 설명할 때 응용할 수 있다.

⑥ 상호작용 강화

과제 수행 과정에서 실제 대화가 이루어졌을 때 학습자로 하여금 목표 언어를 사용하도록 유도하고 상호작용을 통해 교사가 학습자에게 중간 언어와 목표 언어의 문법 차이를 알아차리도록 도와주는 방법이다. 중국어에는 보조용언이라는 개념이 없어 중국인 학습자들이 이를 이해하고 습득하는 데 어려움이 많다. 따라서 학습자로 하여금 이미 학습한 보조용언을 사용하도록 유도하고 보조용언과 대응되는 중국어 표현의 문법 차이를 알아차리도록 도와주어야 한다.

⑦ 재구성능력 강화

이 방법은 문장을 듣고 주어진 어휘와 문법을 메모한 다음 그것을 활용하여 새로운 문장을 재구성하는 기법이다. 보조용언이 들어간 문장이나 텍스트를 시청각 자료로 만들고 학습자들로 하여금 이를 듣고 질문에 대답하게 한다. 질문에 대답할 때는 주어진 보조용언을 사용하도록 강조해야 한다.

⑧ 고쳐 말하기

학습자가 발화할 때 생긴 오류를 다시 바르게 수정하여 말하는 방법이며 피드백의 일종이다. 보조용언을 교수할 때 학습자들이 자주 범한 통사적, 의미적 오류 들을 다시 바르게 고쳐 말해야 한다.

⑨ 출력 강화

학습자들이 학습한 언어 지식을 산출할 수 있도록 유도하고 이때 생긴 오류를 스스로 수정하여 출력하도록 하는 방법이다. 중국인 학습자들은 보조용언을 몇 개의 종류에만 한정해 사용하며 대부분 보

조용언을 회피하고 잘 사용하고 있지 않다. 따라서 이미 배운 보조
용언을 산출하게 유도하고 발생한 오류를 스스로 수정하여 출력하
도록 한다.

⑩ 실수 유도하기

실수 유도하기는 학습한 문법을 연습 시키면서 특례와 예외의 문
법 항목을 미리 제시하지 않고 학습자로 하여금 오류를 유도하게 한
다음 수정해 주는 기법이다. 중국인 학습자들은 보조용언을 사용할
때 통사적 오류와 의미적 오류를 많이 범하고, 비슷한 의미를 가진
보조용언에 대해서도 그 변별능력도 약하므로 보조용언을 교수할
때 오류를 유도한 다음 수정해 주면 훨씬 인상이 깊어 보조용언을
습득하는 데 도움이 된다.

2) 암시적 교수와 명시적 교수

형태 초점 의사소통 교수법을 실행할 때 학습자의 특징과 목표
언어의 특성에 따라 명시적인 교수법과 암시적인 교수법을 선택
하여 사용할 수 있다. 보조용언을 교수 학습할 때 중국어에 대응표
현이 있는 보조용언이면 명시적 교수법을 사용하고 중국어에 대
응표현이 없는 보조용언이면 암시적 교수법을 사용할 수 있다. 명
시적 교수법과 암시적 교수법의 특징을 비교하면 다음 〈표 56〉[38]과
같다.

---

38 Housen & Pierrard 2006:10, Ellis 2009 재인용.

〈표 56〉 명시적 교수와 암시적 교수

암시적 형태 초점 교수	명시적 형태 초점 교수
목표 문법 항목의 형태에 주의를 끈다.	목표 문법 항목의 형태에 주의를 돌린다.
의사소통 활동을 수의적으로 이루어진다.	교수 활동을 미리 결정하고 이루어진다.
의미 전달에 있어서 방해가 안 된다.	의미 전달에 있어서 방해가 된다.
목표 언어 형태를 맥락 속에서 제시한다.	목표 언어 형태를 고립시켜 제시한다.
메타언어[39]를 사용하지 않는다.	메타언어를 사용해서 규칙 설명한다.
목표 문법을 자유롭게 사용한다.	목표 문법에 대한 통제된 연습을 한다.

2.2. 보조용언의 교수·학습 모형 구성

2.2.1. 형태 초점 교수 기법과 수업단계의 통합

Doughty&Williams(1998:257)에서는 형태 초점 기법들의 실제 교실 수업과 통합될 때 사용 가능한 수업 모형들을 제시했다. 목표언어의 형태와 특징, 학습자 중간 언어의 특징에 따라 선택해서 응용할 수 있다. 형태 초점 의사소통 기법과 통합한 수업모델은 아래〈표 57)과 같다.

---

39 다른 언어를 기술하거나 분석하는 데 쓰는 언어. 영어 문법을 한국어로 설명할 경우에 한국어를 말한다.

〈표 57〉 형태 초점 의사소통 기법을 이용한 수업모델(Doughty & Williams, 1998)

A 모델	B 모델	C 모델
수행 전 ⇩ 수행	입력 ⇩ 입력 처리 ⇩ 산출	규칙의 제시 ⇩ 회고 ⇩ 통제된 연습 ⇩ 유창성 연습

　　형태 초점 의사소통 교수 기법과 과제가 실제 한국어 수업에 통합
될 때 위와 같이 다양한 수업 모형이 있을 수 있다. 하지만 수업 단계
를 간략화 시키면 '입력→연습→산출'로 나눌 수 있다. 각 교수 단계
와 형태 초점 기법이 통합하면 아래 [그림 26]과 같다.

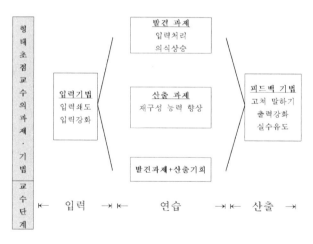

[그림 26] 교수 단계와 형태 초점 기법의 통합

2.2.2. 보조용언의 교수·학습 모형 설계

앞서 제시한 형태 초점 접근법의 기법들과 각 교수 단계의 통합 모형을 보면 한국어 보조용언의 교육에 응용할 수 있다고 본다. 중국인 학습자들이 보조용언을 학습하는 데 있어서 이해 측면의 문제와 사용 측면의 문제가 병존되어 있는 것으로 보인다. 형태 초점 의사소통 접근법이 유창성을 강조하는 동시에 정확성도 같이 강조하는 문법 교수법이기 때문에 중국인을 위한 보조용언 교육에 있어서 가장 적합하다고 본다. 또한, 각 보조용언의 특성에 따라 형태 초점 의사소통 교수의 여러 가지 기법들을 선택해서 교수·학습할 수 있으니 더 실용적이고 효과적인 수업 구성을 이룰 수 있을 것이다.

앞에서 제시한 Doughty & Williams(1998:257)의 수업 모델들이 현재 한국어 교육 현장에서 흔히 사용하는 수업모형들과 대응되고 있다. 즉 PPP, TTT[40], OHE[41], 그리고 최근 등장한 NDAE[42] 과 ESA[43] 모형과 각각 대응된다고 본다. 다음에 PPP모형, TTT모형, ESA모형, OHE모형, NDAE모형을 살펴보자.

---

40 PPP와 TTT모형은 Thornbury(2000)에서 제시한 수업 모형이다.

41 OHE모형은 M. Lewis(1993)에서 제시한 수업 모형이다.

42 NDAE모형은 Richards(2002)에서 제시한 수업 모형이다.

43 ESA모형은 Harmer(2007)에서 제시한 수업 모형이다.

〈표 58〉 제2언어 교수 학습 모형

수업 모형	수 업 단 계			
PPP 모형 → C모델	제시(Presentation) ⇒	연습(Practice)	⇒ 산출(Production)	
TTT 모형 → A모델	과제(Task)전 ⇒	교수(Teach)	⇒ 과제(Task)후	
OHE 모형 → B모델	이해 및 관찰(Observe) ⇒	발견 및 가설 형성(Hypothesis)	⇒ 시도 및 활용(Experiment)	
ESA 모형 → C 모델	참여(Engage) ⇒	학습(Study)	⇒ 활동(Activate)	
NDAE 모형 → B모델	주목하기 (Noticing) ⇒	규칙 발견하기 (Discoveri ng rules) ⇒	조정과 재구조화 (Accommodation & restructuring) ⇒	실험 (Experime ntation)

　　수업 모형의 선택에 있어서는 앞서 PPP모형, TTT모형, OHE모형,
NDAE모형, ESA모형을 제시했다. 그 중의 TTT모형은 과제 중심으
로 수업을 구성하기 때문에 문법을 사전에 선정해서 진행하기에는
어려움이 있다. 또한 목표 언어에 대하여 배경지식이 없는 초급 학
습자의 경우는 명시적 교수 없이 곧바로 과제를 수행하는 데 어려움
이 많을 것이며, 과제 중심으로 하게 되면 학습자가 목표 문법 항목
에 대하여 충분히 집중하지 못하게 될 수도 있고 문법을 학습할 때

그 정확성이 떨어질 수 있다.

PPP모형과 ESA모형, OHE모형과 NDAE모형은 각각 같은 모델에 속한다고 할 수 있다. 형태 초점 교수법에서 강조하는 언어 의식 상승 기법과 긴밀한 관계를 가진 수업 모형은 OHE모형과 NDAE모형이라고 볼 수 있다. Van Patten(2003)에서는 학습자들의 문법 의식을 상승시키기 위해서는 입력(input) 단계의 문법지식 이해 및 산출(output) 단계의 문법 사용에 주목해야 한다고 지적한 바 있다. 문법 인식 향상을 위한 학습의 흐름은 '이해 가능한 입력→주목하기→흡수→이해 가능한 산출'로 정리될 수 있다.

PPP, ESA모형은 이해 능력을 향상시키는 데 효율적인 모형이고, OHE와 NDAE모형은 사용 능력을 향상시키는 데 효율적인 모형이라고 본다. 이에 본서는 이 두 가지 유형의 수업 모형을 통합하여 수업을 '주목발견→제시설명→연습→산출→정리'로 구성하도록 한다. 동시에 앞에서 제시한 기법들을 적용하여 '문법 형태 초점'을 통한 보조용언 교수 모형을 마련했다. 이 교육 모형은 전체수업 과정에서 학습자가 꾸준히 문법 항목에 주목할 수 있게 하며 문법 항목을 의사소통적으로 사용할 수 있도록 유도하는 교수 모형이다. 이 교육 모형의 수업 구성은 다음 [그림 27]과 같다.

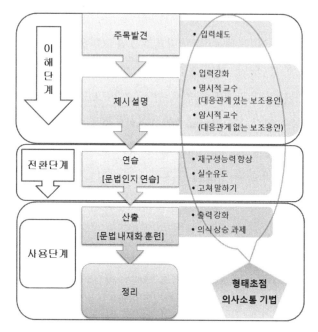

[그림 27] 문법 형태 초점을 통한 보조용언의 교육 모형

1) 주목발견 단계

이 단계에서 입력쇄도 기법을 적용하여 목표 문법과 관련된 언어 자료를 많이 제시하면서 학습자로 하여금 목표 문법에 주목하고 그의 특징을 관찰하도록 유도하는 것이다. 학습자의 주의를 집중시키기 위해 입력 자료에 청각, 시각적 도구를 사용하여 학습자의 관심을 유발시킨다. 입력 자료가 문어 텍스트인 경우, 목표 문법 항목을 굵은 글씨체, 혹은 다른 색으로 표시해야 한다. 이 단계에서는 교사가 학습자의 주의를 목표 문법으로 집중시키기 위해 계속 학습자에게 질문을 하고 목표 문법 항목에 관한 형태적, 의미적 특성에 초점

을 맞추도록 하며 학습자호 하여금 도입된 문법 항목의 의미를 스스로 추측할 수 있게 한다.

2) 제시설명 단계

이 단계에서는 새로 도입된 목표 문법 항목이 무엇인지, 학습자가 그것을 인지하였는지 확인하고, 그 문법 항목에 대하여 명시적으로 설명하는 단계이다. 학습자들이 이 단계를 통하여 자신들이 관찰하고 추출한 내용들이 맞는지 확인할 수 있다. 제시와 설명은 '의미'→ '형태'→ '화용'의 순서로 진행하며, 이때 입력 강화의 기법을 적용할 수 있다. 제공하는 자료에다 시각적 혹은 청각적인 강화 방법을 사용하여 학습자들이 목표 문법 항목에 집중할 수 있도록 해야 한다. 이 단계에서는 교사가 목표 문법의 특징에 따라 설명하는 방법을 선택할 수 있다. 중국어와 대응관계가 있는 보조용언을 독립적으로 제시하고 중국어 표현도 같이 제시하며 설명할 수 있다. 중국어와 대응관계가 없는 보조용언은 반드시 맥락 속에서 제시하고, 학습자 스스로 그의 의미를 파악할 수 있게 유도하는 암시적 접근법을 진행해야 한다.

3) 연습 단계(문법 인지 연습 단계)

이 단계는 전 단계에서 학습한 문법 항목을 연습하는 단계이며, 연습을 통해 학습자가 목표 문법 항목의 의미를 더 깊이 이해하고 그 형태적 특징에도 잘 익숙해지도록 하는 단계이다. 이 단계에서는 재구성능력 향상의 기법을 적용할 수 있다. 입력을 처리하는 연습

유형이나, 기계적 연습, 판단 과제 등 형태의 연습을 적용하여 목표 문법의 의미를 이해시킨다. 이런 연습 활동을 통해 의식적인 인지 작용이 일어날 수 있도록 하며 연습과정에서 실수유도의 기법을 적용하여 생긴 오류를 철저하게 분석하여 학습자가 목표 문법 항목의 형태와 의미에 집중할 수 있도록 한다.

4) 산출 단계(문법 내재화 훈련)

이 단계에서는 출력강화의 기법을 적용하여 학습자로 하여금 목표 문법 항목을 맥락에 맞게 사용할 수 있도록 훈련시키는 단계이다. 의식 상승과제의 기법을 적용하여 학습자간의 상호작용 연습 유형을 통해 반복적인 산출을 유도하고 의사소통적으로 문법 항목을 사용할 수 있도록 교사가 옆에서 도와주어야 한다. 실제적인 상황을 도입하여 문법 항목을 자연스럽게 사용하도록 유도하는 것이 중요하다.

5) 정리 단계

이 단계에서는 교사가 학습자들에게 목표 문법 항목의 형태, 의미, 화용적인 특징을 다시 정리할 필요가 있다.

03

중국인 학습자를 위한 보조용언의 수업 실제

본서에서는 중국어와 대응관계가 있는 보조용언과 대응관계가 없는 보조용언을 각각 하나씩 선택하여 앞서 설계한 수업모형과 형태 초점 의사소통의 기법을 응용한 뒤 실제 수업을 제시하였다. 우선 대응관계가 있는 보조용언은 '-고 있다'를 택하고 대응관계가 없는 보조용언은 '-아/어 놓다'를 택하기로 했다. '-고 있다'는 사용빈도가 높고 한국어의 초급교재에서 가장 많이 나타나며, '-아/어 놓다'는 중급교재에서 많이 나타나는 보조용언이므로 수업 대상자를 각각 초급 학습자와 중급 학습자로 정했다.

3.1. 대응관계 있는 보조용언의 수업 실제

※ 수업 대상: 초급
※ 목표 문법: '-고 있다'

3.1.1. 주목발견 단계

교사는 동영상 자료를 제시하면서 움직이는 순간을 포착하거나, 이미 포착된 그림이나 사진을 제시한다. 포착된 화면 속의 인물이 지금 무엇을 하고 있는지 학습자에게 질문하여 대답을 유도하면서 PPT를 통해 사진내용을 문장 텍스로 제시한다. 목포 문법 항목인 '-고 있다'를 다른 색깔의 글자체로 표시하여 학습자의 주의를 이 끈다.

주목발견 단계
(1) 포착된 화면을 보여주며 화면 속의 그 사람이 지금 무엇을 하고 있는지 학습자에게 질문한다. (2) 교사가 시간부사 '지금'과 '-고 있다'를 같이 사용하여 화면 내용을 묘사 한다.

〈포착된 화면〉

3.1.2. 제시설명 단계

제시① : 의미 기능

제시①은 주목·발견단계에서 도입된 목표 문법을 다시 예문을 통해 제시하고 그의 의미 기능을 설명한다. 한국어 문장을 중국어로 번역하여 제시하고 가능하면 이때도 그림이나 사진을 같이 보여주면서 설명한다.

(1) 엄마가 지금 TV를 <u>보고 있어요</u>. (妈妈<u>正在</u>看电视。)
(2) 여동생은 지금 중학교를 다니<u>고 있어요</u>. (妹妹<u>在</u>上中学。)
(3) 언니가 수영복을 입<u>고 있어요</u>. (姐姐穿<u>着</u>泳衣。)

△ 예문과 시각자료, 중국어 대응표현을 통해 학습자를 하여금 '-고 있다'의 여러 가지 의미를 이해할 수 있게 한다.
△ 예문(1)은 지금 진행 중인 동작과 행위를 의미한다.
△ 예문(2)는 지금 이 시각 아니고 일정한 기간 동안 지속적으로 하고 있는 행동이나 유지하는 행위를 의미한다.
△ 예문(3)은 어떤 동작이 완료되며 그 상태가 지속되고 있음을 의미한다.

제시② : 형태 특징

제시②는 주로 예문 제시를 통해 학습자로 하여금 '-고 있다'의 형태적 특징을 파악할 수 있게 하는 것이 목표이다. 정확한 형태와 오류 형태를 동시에 제시하여 학습자에게 판단하게 하며며 이것을 통해 의식강화의 효과를 얻을 수 있다.

예문: (1) 친구들이 축구를 <u>하고 있어요</u>. (✓)
    장미꽃이 <u>예쁘고 있어요</u>. (✗)
    동생이 <u>크고 있어요</u>. (✓)
  (2) 어제 이 시간에 <u>공부하고 있었어요</u>. (✓)
    어제 이 시간에 <u>공부했고 있어요</u>. (✗)
    어제 이 시간에 <u>공부했고 있었어요</u>. (✗)

_ 237

(3) 교수님이 책을 <u>보고 계십니다</u>. (✓)

교수님이 책을 <u>보시고 계십니다</u>. (✗)

교수님이 책을 <u>보시고 있습니다</u>. (✗)

(4) 저 요즘 영어 단어를 <u>많이 외우고 있어요</u>. (✓)

저 요즘 영어 단어를 <u>외우고 많이 있어요</u>. (✗)

(5) 요즘 저는 게임을 <u>안/못 하고 있어요</u>. (✓)

요즘 저는 게임을 <u>하고 안/못 있어요</u>. (✗)

(6) 내가 남자친구에게 생일 선물을 <u>만들어 주고 있어요</u>. (✓)

내가 남자친구에 생일 선물을 <u>만들고 있어 줘요</u>. (✗)

3.1.3. 연습 단계(문법 인지 연습)

연습①-의미 기능: 진행

연습①에서는 그림이나 사진을 보면서 '-고 있다'의 '현재진행'의 의미 기능을 연습시킨다.

☞ 다음 사진중의 인물들이 현재 무엇을 하고 있습니까?

　　[보기]와 같이 대화해 보세요.

> [보기] 가: 사람들이 지금 무엇을 <u>하고 있어요</u>?
>
> 　　　　나: 공원에서 <u>놀고 있어요</u>.

가: 할아버지가 무엇을 하고 있어요?	나:
가: 아가씨들이 무엇을 하고 있어요?	나:
가: 청년이 무엇을 하고 있어요?	나:
가: 아저씨가 무엇을 하고 있어요?	나:
가: 어린이가 무엇을 하고 있어요?	나:
가: 영호할아버지가 무엇을 하고 있어요?	나:
가: 영호할머니가 무엇을 하고 있어요?	나:
가: 영호가 무엇을 하고 있어요?	나:
가: 아이들이 무엇을 하고 있어요?	나:
가: 예은 할머니가 무엇을 하고 있어요?	나:

연습②-의미 기능: 상태지속

연습②에서는 착용동사를 제시하며 '-고 있다'와 결합하는 연습을 통해 학습자를 하여금 '-고 있다'의 상태지속 의미를 인지할 수 있게 한다.

1. 다음 착용동사와 관련된 그림을 연결하십시오.

입다   메다   신다   쓰다   끼다

2. 친구의 이름을 놓고 위의 동사를 사용해서 문장을 써 보십시오.

친구이름	착용동사+고 있다(예: 림림이가 하얀 원피스를 입고 있어요.)

3. 한 사람 친구의 특징을 이야기하고 한 사람은 그 친구의 이름을 맞추기.

> [보기] 가: 파란 원피를 **입고 있는** 사람은 누구예요?
>
> 나: 선생님이에요.

연습③ – 의미 기능: 반복진행

연습③에서 두 사람은 서로 올해의 목표를 말해 주고, 그 목표를 위해 지금 어떤 일을 하고 있는지 묻고 대답하는 연습이다.

☞ 파트너에게 서로 올해의 계획이 무엇인지 물어보고, 그 계획이나 목표를 위해 지금 무엇을 하고 있는지 묻고 대답한다.

[보기] 가: 올해의 목표가 뭐예요?

　　　나: 영어 토플 시험 110점 이상 맞고 싶어요.

　　　가: 그 목표를 위해 지금 무엇을 <u>하고 있어요?</u>

　　　나: 요즘 매일 영어 학원을 <u>**다니고 있어요**</u>.

3.1.4. 산출 단계(문법 내재화 훈련)

산출① – 의미 기능: 현재 진행

산출①에서는 '-고 있다'의 현재 '진행'의 의미를 익히고 활용하는 게임이다.
☞ 우리가 함께 게임을 해 봅시다.

〈게임 소개〉

(1) 반 학생들을 인원수에 따라 몇 개조로 나눈다.
(2) 조마다 한명씩 번갈아 나와서 주어진 카드의 적혀 있는 동사를 몸짓으로 설명한다. 절대 말을 하면 안 된다.
(3) 같은 조의 친구들이 친구의 몸짓을 보고 동사를 맞추면서 '-고 있다'를 사용하여 문장으로 표현한다.

(4) 정해진 시간 안에 카드에 적힌 동사를 많이 맞춘 조가 이긴다.
(5) 카드는 학습자 스스로 만들고 다른 조와 교환하여 진행한다.

〈동사 카드〉

샤워하다	자다	문을 닫다
닦다	먹다	노래를 듣다

산출②-의미 기능: 상태지속

산출②에서는 '-고 있다'의 상태지속 의미를 익히고 활용하는 게임이다.
☞ 우리가 함께 게임을 해 봅시다.

〈게임 소개〉

(1) 반 친구들을 인원수에 따라 몇 개 조로 나눈다.
(2) 한 조에 한 명씩 칠판 앞으로 나오도록 한다.
(3) 이 때 선생님은 다른 조원에게 그림카드를 보여준다. 보여주는 시간은 3
초이다. 조원들이 3초안에 그림 내용을 기억하고 '-고 있다'를 사용하여
묘사를 한다. 앞에 나온 친구가 조원들이 묘사한 내용대로 칠판에다 그
림을 그린다.
(4) 그림이 완성되면 다른 친구가 나와 계속 다음 그림을 그린다.
(5) 정해진 시간 안에 그림을 가장 많이 그리고 그림카드의 내용과 일치한 조
가 이긴다.

〈그림 카드〉

> [보기] 선글라스를 <u>쓰고 있어요</u>. 나시를 <u>입고 있어요</u>.
> 아이를 <u>안고 있어요</u>. 아이가 모자를 <u>쓰고 있어요</u>.

산출③-의미 기능: 반복진행

산출(3)에서는 '-고 있다'의 반복진행의 의미를 익히고 활용하는 게임이다.

☞ 인물 카드속의 인물이 되어 인터뷰를 받아봅시다.

〈게임 소개〉

(1) 빈칸을 두고 있는 인물카드를 학습자에게 나눠 주며 직접 인물카드를 작성하도록 한다.

(2) 학습자들이 작성한 인물카드를 다시 회수한다.

(3) 회수한 인물카드를 다시 섞어서 다른 학습자에게 한 장씩 나누어 준다.

(5) 학습자들은 그 인물카드속의 소개하는 인물이 되어 파트너와 서로 인터뷰를 한다.

(6) 인터뷰 내용은 카드에서 소개하는 정보를 위주로 하여 '-고 있다'를 사용해야 한다. 교사는 대화 내용을 예시로 보여준다.

> [보기] 가: 이름이 뭐예요?
> 나: 이령이에요.
> 가: 직업이 뭐예요?
> 나: 학생이에요. 지금 인하대를 <u>다니고 있어요</u>.
> 가: 올해 계획이나 목표가 있어요?
> 나: 한국어 능력시험 6급을 통과하고 싶어요.
> 가: 그 목표를 위해 무엇을 <u>하고 있어요?</u>
> 나: 요즘 매일 한국어 단어를 20개씩 <u>외우고 있어요</u>.
> 그리고 좋아하는 게임도 안 <u>하고 있어요</u>.

〈인물 카드〉

이름: 이령
직업: 학생
올해 목표: 한국어 능력시험 6급
목표 실천 방법: 매일 한국어 단어를 외우기
　　　　　　　게임을 안 하기

3.1.5. 정리 단계

이 단계에서는 교사가 학습자들에게 '-고 있다'의 3가지 의미 기능과 형태 특징을 다시 질문을 통해 습득여부를 확인할 필요가 있다.

정리
(1) 선생님이 오늘 무슨 옷을 입고 있어요? 우리 친구들이 무슨 옷을 입고 있어요? 어떤 신발을 신고 있어요?
(2) 지금 빨간 원피스를 입고 있는 사람이 누구예요? 그 사람 지금 무엇을 하고 있어요?
(3) 여러분들 중에 다이어트를 하고 있는 친구가 있어요? 어떤 방식으로 하고 있어요?

3.2. 대응관계 없는 보조용언의 수업실제

※ 수업 대상: 중급
※ 목표 문법: '-아/어 놓다'

3.2.1. 주목발견 단계

교사가 학습자에게 그림을 보여주면서 질문을 한다. PPT로 정답을 제시해 주고 목표 문법 항목인 '-아/어 놓다'를 빈칸으로 처리한 후 학습자에게 빈칸을 채우도록 한다. 마지막으로 '-아/어 놓다'가 들어간 부분을 보여주면서 다른 색깔의 글자체로 표시하여 학습자의 주의를 이끈다.

주목발견 단계

그림 (1)

교사: 어제 밤에 왜 텔레비전을 안 껐어요?
학습자: 어젯밤에 너무 피곤해서 드라마를 보다 그냥 **켜 놓**고 잤어요.
    (키다)

그림 (2)

교사: 이 옷을 어떻게 해요?
학습자: 옷은 옷걸이에 **걸어 놓으**세요. (걸다)

그림 (3)

교사: 냉장고가 왜 꽉 찼어요?
학습자: 내일 집들이가 있어서 미리 장을 **봐 놓았어요**. (보다)

그림 (4)

교사: 내일의 영화인데 영화표를 벌써 샀어요?
학습자: 주말에 영화를 보려면 미리 **예매해 놓아야** 해요.(예매하다)

그림 (5)

교사: 채소를 벌써 다 씻었네요.
학습자: 밥 먹기 전에 미리 채소를 **씻어 놓으**면 편해요. (씻다)

3.2.2. 제시설명 단계

제시①은 주목발견 단계에서 도입된 목표 문법을 다시 예문을 통해 제시하고 그 의미 기능을 설명한다. 의미 기능을 설명할 때 목표 문법 항목을 독립적으로 제시하지 말고 맥락 속에서 제시하며, 학습자 스스로 그것의 의미를 파악할 수 있게 유도하는 암시적 접근법으로 진행해야 한다. 가능하면 이때도 그림이나 사진을 같이 보여 주면서 설명한다.

제시①: 의미 기능

(1) 가: 청국장을 먹었는데 집안에서 냄새가 없어지지 않아요.
　　나: 그럼, 창문을 좀 **열어 놓으세요.** (열다)
(2) 가: 어제 시어머니께서 집에 오셨다 가셨다면서요? 맛있는 음식 많이 해 주셨어요?

나: 네, 우리 시어머니님은 음식 솜씨가 좋아요. 오실 때마다 많이 **만들어 놓아요**. (만들다)

(3) 가: 지난 번 혼자 산에 가다가 길을 잃어버려서 큰 일 날 뻔했어요.

　　나: 집주소와 전화번호, 외국인등록번호는 꼭 **외워 놓아요**. (외우다)

(4) 가: 집이 정말 따뜻하네.

　　나: 여러분들이 오기 전에 제가 미리 보일러를 **켜 놓았어요**. (켜다)

☺ (5) 머리가 **나빠 놓아서** 걱정입니다.

　 (6) 너무 **예뻐 놓아서** 말을 걸 수가 없었다.

　 (7) 요즘은 **한가해 놓아서** 낚시를 하고 다녀요.

　 (8) 그는 워낙 **약해 놓아서** 겨울이면 꼭 감기가 든다.

　 (9) 그 친구가 **워낙 멋쟁이라 놓아서** 누구에게나 인기가 있다

△ 대화문을 통해 학습자를 하여금 '-아/어 놓다'의 의미 기능을 이해할 수 있게 한다.

△ 예문(1)과 (2)에서는 '-아/어 놓다'가 '결과지속'의 상적 의미를 나타낸다.

△ 예문(3)과 (4)에서는 '-아/어 놓다'가 '미리준비'의 양태적 의미를 나타낸다. 예문(5), (6), (7)에서는 형용사나 '이다' 뒤에서 '-어 놓다' 구성으로 쓰여 앞말이 뜻하는 상태의 지속을 강조하는 말. 주로 뒷말의 내용에 대한 이유나 원인을 말할 때 쓰인다.

제시② : 형태특징

예문: (1) 엄마가 오시기전에 제가 미리 집을 **청소해 놓았어요**. (✓)

　　　　남자친구와 헤어지고 나서 그 도시를 **떠나 놓았어요**. (✗)

　　 (2) 내일 만날 친구에게 미리 **연락해 놓았어요**. (✓)

　　　　내일 만날 친구에게 미리 **연락했어 놓아요**. (✗)

　　　　내일 만날 친구에게 미리 **연락해서 놓았어요**. (✗)

　　 (3) 선생님의 전화번호가 몇 번인지 **알아 놓으세요**. (✓)

　　　　선생님의 전화번호가 몇 번인지 **아셔 놓으세요**. (✗)

　　　　선생님의 전화번호가 몇 번인지 **아셔 놓아요**. (✗)

(4) 이번 주에 모임 할 장소를 미리 **정해 놓아요**. (✓)

이번 주에 모임 할 장소를 정해 <u>미리 놓아요</u>. (✗)

(5) 저 영화표를 <u>예매해 놓지 못했어요</u>. (✓)

저 영화표를 <u>예매하지 못해 놓았어요</u>. (✗)

저 영화표를 <u>예매해 놓지 않았어요</u>.(✓)

저 영화표를 <u>예매하지 않아 놓았어요</u>. (✗)

☻ (6) 이 사진을 벽에 **걸어 놓으세요**.

→ 걸+ 어 놓다→걸어 놓다

(7) 내일 집들이가 있어서 미리 장을 **봐 놓았어요**.

→ 보+ 아 놓다 → 봐 놓다

(8) 어젯밤에 너무 피곤해서 드라마를 보다 그냥 **켜 놓고** 잤어요.

→ 키+어 놓다 → 켜 놓다

(9) 주말에 영화를 보려면 미리 **예매해 놓아야 해요**.

→ 예매하+여 놓다 → 예매해 놓다

3.2.3. 연습 단계(문법 인지 연습 단계)

연습①-의미 기능: [+결과지속]

☞ 다음 사진을 보고 대화를 완성해 보십시오.

[보기]와 같이 '-아/어 놓다'를 사용해서 대화를 완성해 보세요.

[보기] 가: 결혼사진이 <u>참 예쁘게 나왔네요.</u>
　　　　이 건 벽에 **걸어 놓으세요.** (걸다)
　　　나: 그래요? <u>전 이 사진 별로 마음에 안 들어요</u>

(1) 가: _____
　　나: 냉장고에 놓을 데가 없어서
　　　　제가 김치냉장고 과일 칸에 _____(놓다).

(2) 가: 이 아파트 _____ 어디예요?
　　나: 아파트 지하에 있어요.
　　　　지하 주차장에 _____올라오세요. (주차하다)

연습②-의미 기능: [+미리준비]

☞ 다음 사진을 보고 대화를 완성해 보십시오.
[보기]와 같이 '-아/어 놓다'를 사용해서 대화를 완성해 보세요.

(1) 가: 돈을 많이 모았네요.
　　나: 네, 고향에 갈 때 선물을 _____(모으다).

(2) 가: 여보, 오늘은 _____
　　나: 제가 아까_____, 퇴근하고 오세요. (사다)

3.2.4. 산출 단계 (문법 내재화 훈련)

산출①-의미 기능: [+결과지속]

☞ 우리가 함께 게임을 해 봅시다.

〈게임소개〉

(1) 반 친구들을 인원수에 따라 조를 몇 개 나눈다.
(2) 조장이 나와 제비뽑기의 방식으로 단어 카드를 5장 뽑는다.
(3) 조원들이 함께 이 5개 단어를 이용하여 스토리를 만든다. 이 5개 단어를 사용할 때 뒤의 '-아/어 놓다'도 같이 사용해야 한다.
(4) 스토리가 완성되면 한 친구가 나와 발표한다.
(5) 정해진 시간 안에 스토리가 가장 재미있고 단어를 전부 다 사용한 팀이 이긴다.

〈단어 카드〉

기억하다	열다	닫다
닦다	만들다	외우다
벗다	모으다	사다
연락하다	청소하다	켜다

3.2.5. 정리 단계

이 단계에서는 교사가 학습자들에게 '-아/어 놓다'의 2가지 의미 기능 및 형태 특징과 관련해 재 질문을 함으로써 습득여부를 확인할 필요가 있다.

정리
(1) 여러분들이 어제 배운 단어를 다 외웠어요? 답: 모두 외워 놓았어요. 날씨가 더운데 문을 열까요? 답: 이미 열어 놓았어요. 누가 칠판을 닦아 줄래요? 답: 방금 닦아 놓았어요. (2) 다음 주 어버이날인데 여러분들이 부모님께 선물을 샀어요? 답: 네, 이미 사 놓았어요. 선물을 살 돈이 있어요? 답: 부모님께 선물을 사려고 돈을 모아 놓았어요.

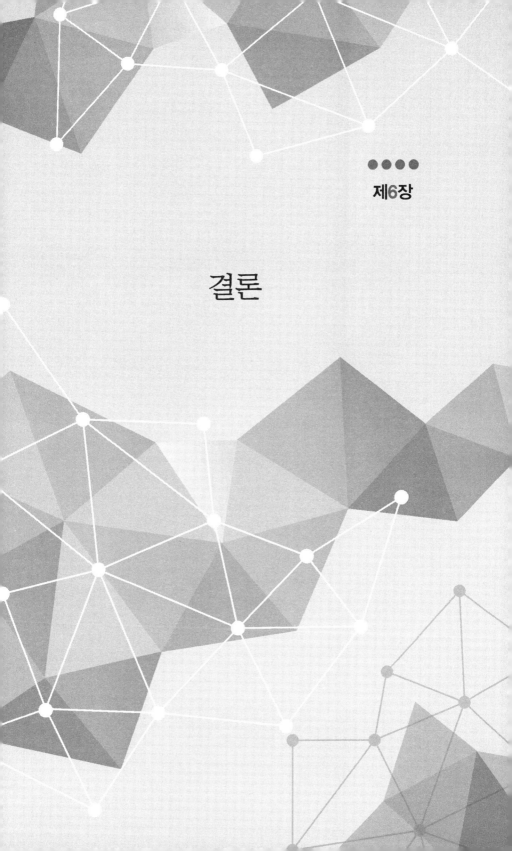

● ● ● ●
제6장

결론

중국인 학습자를 위한
한국어 보조용언의 교육 연구

외국인 학습자들에게 한국어를 교육할 때에 교사는 그들이 정확하고 유창하게 한국어를 발화할 수 있게 유도하여야 하며 자연스럽게 글을 작성할 수 있도록 교수 목표를 설정해야 한다. 이를 달성하기 위해선 한국어의 문법 교육을 무시할 수 없다. 최근 한국어 교육 현장에서는 문법 교육을 많이 중요시하고 있지만 실제 외국인 학습자들의 발화나 작문을 살펴보면 문법적인 오류를 많이 발견할 수 있을 뿐만 아니라 다양한 문법 표현 사용 오류 또한 발견할 수 있다. 특히 한국어의 보조용언은 종류가 많고 비슷한 의미를 가진 것이 많아 모국어에 보조용언이라는 개념이 없는 중국인 학습자들에겐 이를 제대로 습득하는데 어려움이 클 것이라고 예상할 수 있다. 이에 필자는 이를 근거로 하여 중국인 학습자를 위한 보조용언의 교육에 관한 연구를 수행했다.

보조용언은 용언 뒤에 기대어 쓰이며 상적 의미나 화자 또는 주체의 심리적 태도의 미세한 의미 차이를 나타내는 문법 요소이다. 그러나 중국어에서는 보조용언이라는 개념이 없어 보조용언에 대한 직관이 없는 중국인 학습자들은 이에 내포되어 있는 미세한 상적 의미와 양태적 의미를 이해하고 습득하는데 많은 어려움을 겪게 된다. 본서는 이 어려움을 해결하기 위해 여러 가지 연구 절차를 밟았고 마지막으로 연구한 결과를 토대로 중국인 학습자를 위한 효율적인 보조용언의 교육 방안을 마련했다. 연구결과를 정리하면 아래와 같다.

2장에서는 한국어 보조용언의 개념과 특성을 살펴보고 선행연구자들이 제시한 보조용언 목록을 다시 정리하였다. 또한 보조용언의 문법적 특성을 보조용언의 판별기준으로 삼아 본서의 보조용언 목록을 다시 선정했다. 그리고 각 보조용언의 의미에 따라 총 20가지로 분류하고 50개의 보조용언이 들어 있는 목록을 다시 재구성하였다.

3장에서는 2장에서 선정된 한국어 보조용언들을 의미 기능별로 모두 제시하면서 중국어와 대응되는 표현을 살펴보았고, 이 표현들이 각각 어떤 문법범주에 속하는지 고찰한 후 한국어의 보조용언들이 중국어와 어떤 대응관계를 가지고 있는지를 검토했다. 그 결과 한국어 보조용언의 대다수는 중국어로 대응되는 표현이 있지만 일부분은 중국어에서 대응되는 표현이 없었다. 또한, 중국어와 대응관계를 이루지 않는 보조용언들의 상적의미와 양태적 의미도 분석했다. 마지막으로 한국어의 보조용언과 대응되는 중국어 표현의 상적 대조를 통해 선행용언의 제약에 관한 차이점을 밝혔고 그 결과 한중 상표지의 선행동사 제약 상황이 다르다는 것을 알 수 있었다.

4장에서는 두 가지 조사를 통해 중국인 학습자들의 보조용언의 사용양상과 습득양상을 고찰했다.

우선 중국 현지 한국어 고급학습자와 한국에서 유학 경험이 있는 한국어 고급학습자를 두 분류로 나눈 뒤 그들의 작문 자료를 대상으로 보조용언의 사용빈도를 조사했다. 그 결과 사용빈도가 높은 보조용언들은 보통 중국어와 대응관계를 가지고 있었다. 이는 본 장의 연구 결과 중에 가장 큰 발견이라고 할 수 있다. 또한, 표면상으로는 보조용언의 사용빈도가 높은 것으로 보이지만 사실 그 사용은 몇 개 보조용언에만 한정되어 있었고 대부분의 보조용언은 총 20000개 넘는 어절에서 10회 이하로 출현하여 낮은 빈도율을 나타냈다.

　두 번째 조사는 중국인 학습자들의 보조용언 습득양상을 고찰하는 조사였다. 보조용언의 상적 의미와 양태적 의미, 선행용언의 제약에 따라 문항을 출제하여 측정하였으며 우선 예비 설문조사를 통해 6가지 가설을 도출하고 본 설문조사를 통해 이 가설들을 검증했다. 그 결과를 요약하면 중국인 학습자들은 중국어와 대응관계가 없는 보조용언에 대한 이해 능력이 부족하다는 것이다. 특히 중국 현지 학습자가 유학생보다 훨씬 이해 능력이 떨어진다는 결론을 낼 수 있었다.

　5장에서는 3, 4장의 분석 결과를 토대로 보조용언의 교육 방향과 목표를 제시하고 효율적인 교육 방안과 모형을 모색했다. 최근 한국어 교육 현장에서는 학습자들의 정확성과 유창성을 동시에 요구하고 있으며 이는 보조용언의 이해 능력과 사용 능력을 모두 높여야 가능하다. 분석 결과에 따라 이해 측면을 강조해야하는 보조용언이 있고 반대로 사용 측면을 더욱 강조해야 하는 보조용언들도 있다. 본서는 이해 능력과 사용 능력을 함께 높이는 교수방안을 마련했다. 즉 문법 형태 초점 의사소통 접근법을 토대로 PPP, ESA, OHE, NDAE모형을 종합하여 새로운 수업 모형을 만들어 냈다. PPP, ESA모형은 이해 능력을 향상시키는 데 효율적인 모형이고, OHE와 NDAE모형은 사용 능력을 향상시키는 데 효율적인 모형이라고 보았다. 이에 본서는 이 두 가지 유형의 수업 모형을 통합하여 형태 초점 의사소통의 기법들도 같이 적용하면서 수업을 '주목발견→제시설명→연습→산출→정리'로 구성했다. 이 교육 모형은 전체수업 과정에서 학습자가 꾸준히 문법 항목에 주목하게 하고 문법 항목을 의사소통적으로 사용할 수 있도록 유도하는 교수 모형이므로 보조용언의 이해 측면과 사용 측면을 모두 고려한 모형이다.

본서는 중국인 학습자를 대상으로 한 한국어 보조용언의 교육에 관한 연구로서 우선 보조용언과 중국어와의 대응관계를 체계적으로 정리하여 통사적 대조와 상적 대조를 통해 그 차이점을 발견한데 의의가 있다. 또한 두 가지 조사를 통해 중국인 학습자들의 보조용언의 사용 능력과 습득 능력을 측정한 것도 본 논문의 특징이며, 모든 연구결과를 바탕으로 보조용언의 교육방향을 세우고 교육 방안까지 마련한 것도 보조용언의 교육에 있어서 큰 도움이 되는 일이라고 본다. 그러나 연구자의 능력과 시간상의 한계가 있어 몇 가지 아쉬움이 남았다. 우선 보조용언의 사용양상을 측정하는 데 있어서 오직 문어 자료만 바탕으로 진행하였으며 구어의 사용양상을 배제했다. 또한, 본서에서 모색한 교육 모형으로 모든 보조용언의 수업 예시를 제시하지 못한 것에도 아쉬움이 남는다. 이는 필자의 향후 추가 연구 과제이며 후고에서 보완하고자 한다.

부록

중국인 학습자 보조용언 사용양상 조사

〈설문조사〉

안녕하십니까?

  박사학위 논문을 준비하기 위해, 중국어권 학습자 여러분들의 '한국어 보조용언' 습득양상을 알아보고자 이 설문조사를 실시합니다. 소중한 시간을 내주셔서 아래 문항들을 끝까지 완성해 주신 것에 진심으로 감사드립니다.

인하대학교 국어교육과
최영 드림

◎ 성별 :	◎ 한국어 학습 기간 : ___년 ___개월
◎ 나이 :	◎ 한국 유학경력 유무 有( ), 無( )
◎ 학부 전공	※ 한국 유학 경력 있을시 기간 :
◎ 한국어 등급	_____년 _____개월

01. A: 나는 요즘 너무 힘들어서 그만 포기하고 싶어.

B: 힘 내, 조금만 더 참으면 희망이 _____. (밝다)

① 밝아 갈 거야　　　　② 밝아 올 거야　　　　③ 밝아 버릴 거야

④ 밝아 낼 거야　　　　⑤ 잘 모르겠다

02. A: 몸이 아주 튼튼해 보이고 젊어 보이네. 50대 같지 않아요.

B: 건강을 유지하기 위해 인삼을 많이 _____. (먹다)

① 먹어 버렸지　　　　② 먹어 냈지　　　　③ 먹어 놓았지

④ 먹어 갔지　　　　⑤ 잘 모르겠다

03. A: 지난번에 축구하다가 다친 다리가 지금 괜찮아요?

B: 그래. 물리 치료를 꾸준히 받아서 거의 다 _____ . (낫다)

① 낫고 있어　　　　② 나아 가　　　　③ 나아야 돼

④ 나아 와　　　　⑤ 잘 모르겠다

04. A: 제가 방금 전화했었는데, 안 받으셔서 이렇게 찾아왔어요.

B: 미안해요, 벨 소리를 못 들었어요._____(샤워하다)

① 샤워해요　　　　② 샤워해 갔어요　　　　③ 샤워해 왔어요

④ 샤워하고 있었거든요 ⑤ 잘 모르겠다

05. A: 빨리 먹어. 음식이 _____. (식다)

B: 아침을 많이 먹어서 아직 배 부르네. 좀 이따 먹을 래.

① 식어 간다　　　　② 식어 버렸다　　　　③ 식어 있다

④ 식어 둔다　　　　⑤ 잘 모르겠다

06. A: 저번에 죽어가던 나무는 어떻게 되었나요?

B: 걱정 마. 마을사람들이 정성을 다해 보살펴서 결국엔 _____ (살리다).

① 살려 두었거든   ② 살려 갔거든   ③ 살려 놓았습니다

④ 살려 버렸거든   ⑤ 잘 모르겠다

07. A: 프로젝트는 누가 성공했어요?

B: 아무도 하지 못했는데 도정씨가 _____. (성공하다)

① 성공해 놓았네   ② 성공해 버렸네   ③ 성공해 냈네

④ 성공해 두었네   ⑤ 잘 모르겠다

08. A: 강비씨 입은 옷을 보니까 저번에 백화점에 봤던 그 옷이네.
살까 말까 많이 고민했잖아?

B: 네, 너무 갖고 싶은 마음에 그냥 _____. (사다)

① 사 졌어요   ② 사 두었어요   ③ 사 냈어요

④ 사 버렸어요   ⑤ 잘 모르겠다

09. A: 왕뢰의 여자 친구는 어때요?

B: 글쎄요. 왕뢰의 여자 친구가 왕뢰를 이상하게 _____(바꾸다).

① 바꿔 졌어요   ② 바꿔 냈어요   ③ 바꿔 두었어요

④ 바꿔 놓았어요   ⑤ 잘 모르겠다

10. A: 선생님에게 편지를 다 썼어요?

B: 그럼요. 사실 지난 주에 편지를 이미 _____. (쓰다)

① 써 내었어요   ② 써 버렸어요   ③ 써졌어요

④ 써 두었어요   ⑤ 잘 모르겠다

11. A: 오빠와 같이 이 어려운 기하문제를 드디어 _____(풀다).

B: 정말 대단해요.

① 풀어 왔어요   ② 풀어 놓았어요   ③ 풀어 갔어요

④ 풀어 냈어요   ⑤ 잘 모르겠다

12. A: 같이 식당에 가서 밥을 먹을까?

B: 나는 조금 갈 게. 너 먼저 가서 _____? (먹다)

① 먹어 놓을래　　　② 먹어 올래　　　③ 먹어 갈래

④ 먹고 있을래　　　⑤ 잘 모르겠다

13. A: 아직도 제자들에게 어려운 훈련을 시키고 있지요?

B: 그럼요, 힘든 과정을 _____ 사람만 성공할 수 있어요. (견디다)

① 견뎌 간　　　② 견뎌 온　　　③ 견디고 있는

④ 견뎌 갈　　　⑤ 잘 모르겠다

14. A: 남은 돈은 책상에 그대로 _____(놓다).

B: 알겠어요. 나중에 찾아 가세요.

① 놓아 둬　　　② 놓아 가　　　③ 놓아 내

④ 놓아 버려　　　⑤ 잘 모르겠다

15. A: 그 여자를 많이 좋아한다면서요. 왜 고백을 안 하고 있어요?

B: 그 여자가 이미 남자친구가 생겼거든.

지금 고백하기에는 이미 _____(늦다)

① 늦어 버렸다　　　② 늦어 갔다　　　③ 늦어 냈다

④ 늦어 놓았다　　　⑤ 잘 모르겠다

16. A: 요즘 장사가 잘 돼 대출을 거의 다 _____. (갚다)

B: 정말 다행이네요. 요즘 경기도 안 좋은데.

① 갚아 버려　　　② 갚아 둬　　　③ 갚아 놓아

④ 갚아 가　　　⑤ 잘 모르겠다

Ⅱ. 다음 문장들을 읽고 맞으면 '√', 어색하면 'X'를 표시해 주세요.

01. 동생은 영화를 보고 슬퍼서 울고 있다. ( )

02. 분노가 갑자기 폭발하고 있다. ( )

03. 동생은 그 동안 키가 많이 커 갔다. ( )

04. 아름다운 삶의 향기를 고객님과 함께 만들어 가겠습니다. ( )

05. 동생은 영화를 보고 슬퍼서 울어 냈다. ( )

06. 아내가 드디어 김치찌개를 만들어 냈다. ( )

07. 동생은 영화를 보고 슬퍼서 울어 갔다. ( )

08. 엄마는 창문을 닫아 갔다. ( )

09. 분노가 갑자기 폭발해 냈다. ( )

10. 엄마는 창문을 닫아 냈다. ( )

11. 동생은 그 동안 키가 많이 커 냈다. ( )

12. 영희는 남자 친구의 말을 그대로 믿어 갔다. ( )

13. 분노가 갑자기 폭발해 갔다. ( )

14. 영희는 남자 친구의 말을 그대로 믿어 냈다. ( )

15. 영희는 남자 친구의 말을 그대로 믿어 두었다. ( )

16. 언니가 가방에 묻은 매니큐어를 닦아 두려고 애를 썼다. ( )

17. 인간은 인간의 힘으로 모든 것을 이루어 두었다. ( )

18. 영희는 남자 친구의 말을 그대로 믿고 있다. ( )

19. 인간은 인간의 힘으로 모든 것을 이루고 있다. ( )

20. 동생은 그 동안 키가 많이 커 두었다. ( )

21. 영희는 남자 친구의 말을 그대로 믿어 놓았다. ( )

22. 언니가 가방에 묻은 매니큐어를 닦아 놓으려고 애를 썼다. ( )

23. 그들은 스스로의 힘으로 모든 것을 이루어 놓았다. ( )

24. 분노가 갑자기 폭발해 놓았다. ( )

25. 엄마는 창문을 닫아 두었다. ( )

26. 동생은 그 동안 키가 많이 커 놓았다. ( )

27. 분노가 갑자기 폭발해 두었다. ( )

28. 금염의 토끼는 갑자기 병으로 죽어 놓았다. ( )

29. 영희는 남자 친구의 말을 그대로 믿어 버렸다. ( )

30. 분노가 갑자기 폭발해 버렸다. ( )

31. 동생은 그 동안 키가 많이 커 버렸다. ( )

32. 금염의 토끼는 갑자기 병으로 죽어 버렸다. ( )

33. 영희는 남자 친구의 말을 그대로 믿어 왔다. ( )

34. 그들은 스스로의 힘으로 모든 것을 이루어 버렸다. ( )

35. 동생은 영화를 보고 슬퍼서 울어 버렸다. ( )

36. 언니가 가방에 묻은 매니큐어를 닦아 오려고 애를 썼다. ( )

37. 인간은 인간의 힘으로 모든 것을 이루어 왔다. ( )

38. 나는 분노가 갑자기 폭발해 왔다. ( )

39. 동생은 그 동안 키가 많이 커 왔다. ( )

40. 금염의 토끼는 갑자기 병으로 죽어 왔다. ( )

41. 아이들이 너무 빨리 크고 있다. ( )

42. 학생들이 잇따라 도착하고 있다. ( )

〈인터뷰 내용〉

01. 설문의 문항이 어렵다고 생각합니까?
① 조금 어려웠다
② 어려웠다
③ 보통이다
④ 조금 쉬웠다
⑤ 쉬웠다

02. 문제 Ⅰ 에서 선택한 오답들에 대하여 그와 같이 생각하는 이유는?
① 의미가 비슷해서 헷갈렸다
② 보조용언의 의미를 제대로 모르기 때문이다
③ 배운 적 없는 보조용언이 (본동사 뒤에 붙는 보조동사나 형용사) 있다
④ 선행용언(본동사)의 제약을 잘 모르기 때문이다
⑤ 기타

03. 문제Ⅱ에서 선택한 오답들에 대하여 그와 같이 생각하는 이유는?
① 의미가 비슷해서 헷갈렸다
② 보조용언의 의미를 제대로 모르기 때문이다
③ 배운 적 없는 보조용언이 (본동사 뒤에 붙는 보조동사나 형용사) 있다
④ 선행용언(본동사)의 제약을 잘 모르기 때문이다
⑤ 기타

중국인 학습자를 위한
한국어 보조용언의 교육 연구

참고문헌

〈자료〉

경희대학교 국제교육원(2002), 『한국어중급1』, 경희대학교출판부.
경희대학교 국제교육원(2002), 『한국어중급2』, 경희대학교출판부.
경희대학교 국제교육원(2001), 『한국어초급1』, 경희대학교출판부.
경희대학교 국제교육원(2001), 『한국어초급2』, 경희대학교출판부.
경희대학교 국제교육원(2003), 『한국어고급1』, 경희대학교출판부.
경희대학교 국제교육원(2003), 『한국어고급2』, 경희대학교출판부.
고려대학교 민족문화연구원(2008), 『중한사전』, 고려대학교 민족문화연구원.
국립국어연구원(2003), 『한국어 학습용 어휘 목록』, 국립국어연구원.
국립국어원(1999), 『표준국어대사전』, 두산동아.
김성희 외(2007), 『서강한국어5A』, 서강대학교 출판부.
김성희 외(2007), 『서강한국어5B』, 서강대학교 출판부.
김성희 외(2008), 『서강한국어4A』, 서강대학교 출판부.
김성희 외(2008), 『서강한국어4B』, 서강대학교 출판부.
김성희 외(2008), 『서강한국어3B』, 서강대학교 출판부.
김성희 외(2008), 『서강한국어3A』, 서강대학교 출판부.
서강대학교 한국어교육원(2008), 『서강한국어1A』, 서강대학교 출판부.
서강대학교 한국어교육원(2008), 『서강한국어1B』, 서강대학교 출판부.
연세대학교 한국어학당(2007), 『한국어 1-1, 1-2』, 연세대학교 출판부.
연세대학교 한국어학당(2007), 『한국어 2-1, 2-2』, 연세대학교 출판부.
연세대학교 한국어학당(2008), 『한국어 3-1, 3-2』, 연세대학교 출판부.
연세대학교 한국어학당(2008), 『한국어 4-1, 4-2』, 연세대학교 출판부.

연세대학교 한국어학당(2008), 『한국어 5-1, 5-2』, 연세대학교 출판부.

연세대학교 한국어학당(2008), 『한국어 6-1, 6-2』, 연세대학교 출판부.

이화여자대학 언어교육원(2008), 『말이 트이는 한국어1』, 이화여대 출판부.

이화여자대학 언어교육원(2008), 『말이 트이는 한국어2』, 이화여대 출판부.

이화여자대학 언어교육원(2009), 『말이 트이는 한국어3』, 이화여대 출판부.

이화여자대학 언어교육원(2009), 『말이 트이는 한국어4』, 이화여대 출판부.

이화여자대학 언어교육원(2012), 『말이 트이는 한국어5』, 이화여대 출판부.

中科院語言研究所(2012), 『現代漢語辭典』(第6版), 商務印書館.

최정순(2008), 『서강한국어2A』, 서강대학교 출판부.

최정순(2008), 『서강한국어2B』, 서강대학교 출판부.

한글학회(2006), 『우리말사전』, 어문각.

〈논저〉

강미영(2009), 「내용 생성단계에서의 사고력 함양을 위한 전략 개발1」, 『새
　　국어교육』81, 한국국어교육학회, 1-18쪽.

강미영(2010), 「통합 인지적 관점을 기반으로 한 쓰기 모형 구성에 관한 연
　　구」, 인하대학교 박사학위논문.

강미영(2012), 「"쓰기적 사고력"에 관한 연구1-통합 인지적 관점을 기반으
　　로」, 『새국어교육』92, 한국어국어교육학회, 101-129쪽.

강혜옥(2006), 「한국어 문법 교수를 위한 문법 의식 상승 과제 설계 연구」,
　　서울대학교 석사학위논문.

강흥구(2000), 「국어보조동사의 통사·의미론적 연구」, 충남대학교 박사학
　　위논문.

고영근(1993), 『중세국어의 시상과 서법』, 탑출판사.

고춘화(2010), 『국어교육을 위한 문법 교육론』, 역락.

권순구(2005), 「국어 보조용언의 연구」, 충남대학교 박사학위논문.

김기혁(1995), 『국어 문법 연구』, 박이정.

김달효(2006), 「학생의 능력별 집단편성에 대한 비판적 접근」, 『교육사회학 연구』, 16(3), 한국교육사회학학회, 25-42쪽.

김명희(1984), 「국어 동사구 구성에 나타나는 의미관계 연구」, 이화여자대 학교 박사학위논문.

김성태(1997), 『현대국어 보조용언 연구』, 문창사

김성화(1990), 『국어의 상 연구』, 한신문화사

김성화(1992), 『국어의 상 연구』, 한신문화사

김소연(2003), 「보조용언 '버리다, 보다, 가다, 주다'의 연구」, 충남대학교 석사학위논문.

김영태(1997), 「보조용언과 서술 전개 단계」, 『우리말글』15, 우리말 글학회, 37-60쪽.

김영태(1998), 「보조용언의 양태 의미」, 『우리말글』16, 우리말 글학회, 1-16쪽.

김영태(2001), 『현대국어 보조용언 연구』, 문창사

김영희(1993), 「의존 동사 구문의 통사 표상」, 『국어학』23, 국어학회, 159-190쪽.

김용석(1983), 「한국어 보조동사 연구」, 『배달말』8, 배달말학회, 1-33쪽.

김은덕(1993), 「학교문법의 보조동사에 관한 연구」, 경상대학교 석사학위논문.

김은혜(2012), 「연상을 활용한 한국어 어휘 의미 교육 연구」, 인하대학교 박 사학위논문.

김재욱(2003), 「외국어로서의 한국어 문법 교육」, 『이중언어학』22, 이중언 어학회, 163-179쪽.

김지은(1998), 『우리말 양태용언 구문 연구』, 서울한국문화사.

김지혜(2009), 「한국어 이유 표현 교육연구」, 고려대학교 박사학위논문.

김지홍(1993), 「국어 부사형어미 구문과 논항구조에 대한 연구」, 서강대학 교박사학위논문

김풀잎(2013), 「한국어 구어 담화의 시제 선어말어미 교수-학습 연구」, 서울 대학교 석사학위논문.

김현화(2006), 「한국어 문법 교수 학습 방법의 새로운 방향」, 『국어교육연구』 18, 서울대 국어교육연구소, 31-60쪽.

김호정(2008), 「한국어 교재내의 문법 용어 계량 연구」, 『언어과학연구』46, 언어과학회, 1-22쪽.

김호정(2009), 「학습자의 문법용어 인식양상 연구」, 『언어과학연구』50, 언어과학회, 41-68쪽.

김호정(2013), 「한국어 학습자의 조사 변이 양상 연구」, 『우리말 글』58, 우리말 글학회, 151-187쪽.

김호정·강남욱(2013), 「한국어 교재 평가 항목의 설정을 둘러싼 개념과 원리고찰」, 『국어교육』143, 한국어교육학회, 381-414쪽.

남기심·고영근(1985/2005), 『표준 국어문법론』, 탑출판사

노대규(2002), 『한국어 화용의미론』, 국학자료원.

노대규(2007), 『외국어로서의 한국어 교육』, 푸른 사상.

단 몽(2013), 「한국어 문법 제시를 위한 의식 상승 과제의 설계와 적용」, 부산외국어대학교 석사학위논문.

동양효(2012), 「중국인 고급 학습자를 위한 한국어 조사결합 사용 교육 방안 연구」, 서울대학교 석사학위논문.

리 선(2013), 「중국인을 위한 한국어 종결 보조용언 교수 학습 자료구성 연구」, 한성대학교 석사학위논문.

문미경(2008), 「현대 국어 보조용언의 연구」, 수원대학교 석사학위논문.

민찬규(2002), 「형태 초점 의사소통 접근법: 교수법적 특징과 영어교육에의 적용방안」, 『Foreign Lauguage Education』, 9(1), 한국 외국어교육학회, 69-87쪽.

민현식(1999a), 『국어문법연구』, 역락.

민현식(1999b), 「현대국어 보조용언 처리의 재검토」, 『어문논집』3, 숙명여대, 53-98쪽.

민현식(2000), 「외국어로서의 한국어 문법 교육의 현황과 과제」, 『새국어생활』10-2, 국립국어연구원, 81-101쪽.

민현식 외(2005), 『한국어 교육론2』, 한국문화사.

박덕유(1998), 「국어의 상 종류와 특성에 대하여」, 『새국어교육』55, 한국국

어교육학회, 131-163쪽.

박덕유(1998), 『국어의 동사상 연구』, 한국문화사.

박덕유(1999), 「상의 본질적 의미와 동사의 자질에 대한 재고찰」, 『국어학』
33, 국어학회, 177-212쪽.

박덕유(2000), 「국어 상태동사의 상적 특성」, 『논문집』23, 한국체육대학,
191-204쪽.

박덕유(2006), 「행위동사와 완성동사 부류에 나타난 상적 특성」, 『한국학연
구』15, 인하대한국학 연구소, 231-251쪽.

박덕유(2007), 『한국어의 상 이해』, 제이엔씨.

박덕유(2009), 『학교 문법론의 이해』, 도서출판, 역락.

박덕유(2013), 『한국어 문법의 이론과 실제』, 박문사.

박선옥(2002), 「국어 보조용언 연구」, 중앙대학교 석사학위논문.

박선옥(2005), 『국어 보조동사의 통사와 의미 연구』, 도서출판, 역락.

박영순(1993), 『현대한국어 통사론』, 집문당.

박영순(1998), 『한국어 문법교육론』, 박이정.

박연순 외(2008), 『한국어와 한국어 교육』, 한국문화사.

박정아(2012), 「PPP수업모형과 ESA수업모형의 효과비교」, 서울대학교 석
사학위논문.

배수자(2007), 「현대국어 보조용언 연구」, 창원대학교 석사학위논문.

백봉자(1999), 『외국어로서의 한국어 문법 사전』, 연세대 출판부.

백봉자(2006), 『외국어로서의 한국어 문법 사전』, 도서출판하우.

사 금(2013), 「중국어권 학습자를 위한 한국어 보조용언 연구」, 상명대학교
석사학위논문

서 빈(2011), 「한국어 조동사와 중국어 대응표현 대조 연구」, 영남대학교 석
사학위논문

서유연(2008), 「시각적 입력강화가 한국어 문법 학습에 미치는 효과에 관한
연구」, 영남대학교 석사학위논문.

서정수(1996), 『국어문법』, 한양대학교 출판원.

참고문헌

선은희(2003), 「한국어 문법 교육 방안」, 연세대학교 석사학위논문.

성기철(2002), 「외국어로서의 한국어 문법 교육」, 『국어교육』107, 한국국어
　　　　교육연구학회, 135-161쪽.

성지연(2012), 「형태초점 교수를 통한 한국어 내포문 교육 연구」, 고려대학
　　　　교박사학위논문.

손세모돌(1994a), 「국어 보조용언에 대한 연구」, 한양대학교 박사학위논문

손세모돌(1994b), 「보조용언의 의미에 관한 연구」, 『한글』223, 한글 학회,
　　　　107-130쪽.

손세모돌(1996), 『국어 보조용언 연구』, 한국문화사.

손영애(2004), 『국어과 교육의 이론과 실제』, 박이정.

손영애(2008), 「새로운 국어 교과서 구성 방안」, 『국어교육』125, 한국어교육
　　　　학회, 251-281쪽.

송상목(1985), 「현대국어의 조동사 연구」, 한국정신문화연구원 석사학위논문

신명선(2008), 「개정 국어과 교육과정의 문법 교육 내용에 대한 고찰」, 『국
　　　　어교육학 연수』31, 국어교육학회, 357-392쪽.

신명선(2008a), 「국어 사고도구어 교육 연구」, 서울대학교 박사학위논문.

신명선(2008b), 『의미 텍스트 교육』, 한국문화사.

양동휘(1978), 「국어 보조동사의 관용성」, 『영어영문학 논총』, 김영희 박사
　　　　송수기념.

양정석(2004), 「'-고 있-'과 '-어 있-'의 상보성 여부 검토와 구문 규칙 기술」,
　　　　『한글』266, 한글학회, 105-137.

양정석(2007), 「보조동사 구문의 구조 기술 문제」, 『한국어학』35, 한국어학
　　　　회, 65-120쪽.

양정석(2008), 「한국어 시간요소들의 형태통사론」, 『언어』33, 한국언어학
　　　　회, 693-722쪽.

양정석(2010a), 『한국어 통사구조론』, 한국문화사.

양정석(2010b), 『한국어 통사구조와 시간 해석』, 한국문화사.

엄정호(1990), 「종결어미와 보조동사의 통합구문에 대한 연구」, 성균관대학

교박사학위논문.

오일륵(2011), 「중국어권 중국어 학습자를 위한 보조동사의 교육 방안에 관한연구」, 중앙대학교 석사학위논문·

옥태권(1988), 「국어 상조동사의 의미 연구」, 부산대학교 박사학위논문

왕 리(2013), 「한중 상 형식 대조 연구」, 부산대학교 석사학위논문.

왕례량(2006), 「한국어 보조용언과 중국어와의 대조 연구」, 『문법교육』5, 한국어문법교육학회, 261-297쪽.

왕례량(2012), 「한국어와 중국어의 상범주 대조연구」, 연세대학교 박사학위논문.

유소영(2013), 「한국어교육을 위한 문법표현 연구」, 단국대학교 박사학위논문.

유효홍(2006), 「한국어 보조용언의 판정과 분류에 대한 연구」, 한국학중앙연 구원 석사학위논문.

이 영(2006), 「중국인 학습자를 위한 한국어 보조용언 교육에 관한 연구」, 서울대학교 석사학위논문.

이경미(2009), 「한국어 보조용언의 교수 학습 방안 연구」, 충남대학교 석사학위논문.

이관규(1986), 「국어 보조동사 연구」, 고려대학교 박사학위논문.

이관규(1992), 「대등 구성의 요건과 유형」, 『한글』217, 한글학회, 63-82쪽.

이금희(1996), 「현대 국어 보조동사 연구」, 성균관대학교 석사학위논문.

이기동(1988), 「조동사'보다'의 의미」, 『애산학보』6, 애산학회, 121-147쪽.

이기동(1993), 『A Korean Grammar』, 한국문화사.

이명정(2011), 「현대중국어 상 체계 분석」, 고려대학교 박사학위논문.

이미혜(2005), 『한국어 문법 항목 교육 연구』, 박이정.

이선웅(1994), 「현대국어의 보조용언의 연구」, 서울대학교 석사학위논문.

이승민(2013), 「한국어 학습자의 완료상 보조용언 습득연구」, 이화여자대학교석사학위논문.

이윤영(2006), 「한국어 문법 교육 방안 연구」, 고려대학교 석사학위논문

이익섭(2005), 『한국어 문법』, 서울대학교 출판부

이제승(2001), 『한국어의 시제와 상』, 국학자료원.

이종은(2005), 「구성주의를 적용한 한국어 문법교육 방안」, 고려대학교 석사학위논문.

이해영(1998), 「문법 교수의 원리와 실제」, 『이중언어학』15, 이중언어학회, 411-438쪽.

이호승(2001), 「국어의 상 체계와 보조용언의 상적 의미」, 『국어학』38, 국어학회, 209-239쪽.

임병민(2009), 「국어의 보조용언 연구」, 원광대학교 박사학위논문.

임지룡(2005), 『인지 의미론』, 탑출판사.

임호빈 외(2005), 『외국인을 위한 한국어 문법』, 연세대학교 출판부.

장미라(2006), 「한국어 보조용언의 상적·양태적 의미 기능과 통사적 특징」, 『배달말』38, 배달말학회, 33-61쪽.

장수진(2008), 「한국어 학습단계에 따른 보조동사 학습 방안 연구」, 『문법교육』8, 한국문법교육학회, 219-247쪽.

전 탁(2010), 「중국인 한국어 학습자의 한국어 진행상 습득양상에 대한 연구」, 영남대학교 석사학위논문.

전남남(2010), 「한국어와 중국어 상 체계 대조연구」, 서울시립대학교 박사학위논문.

정대현(2008), 「입력강화를 통한 한국어 문법 형태 습득 및 본문 이해 양상 연구」, 연세대학교 박사학위논문.

정선주(2009), 「ESA교수 절차 모형을 활용한 한국어 교육 방안 연구」, 한국외국어대학교 석사학위논문.

정소희(2007), 「시각적 입력강화가 한국어 학습자의 문법학습과 텍스트 이해도에 미치는 영향」, 이화여자대학교 석사학위논문.

차현실(1983), 「보조용언의 인식 양상-'보다'의 통사와 의미에 대하여-」, 『경기대 논문집』13, 경기대학교연구교류처, 39-61쪽.

차현실(1984), 「'싶다'의 의미와 통사 구조」, 『언어』9(2), 한국언어학회, 305-326쪽.

최 영(2007), 「한국어와 중국어 피동문의 대조 연구」, 연세대학교 석사학위
　　　논문.

최명선(2009), 「한국어 보조용언 교육 연구」, 고려대학교 석사학위논문.

최보선(2010), 「제2언어로서의 한국어 교육에서의 입력 강화 효과에 관한
　　　연구」, 영남대학교 석사학위논문.

최영주(2009), 「형태초점 의사소통 접근 방법이 고등학교 학습자의 영어문
　　　법학습에 미치는 효과」, 순천대학교 박사학위논문.

최윤곤(2005), 「한국어교육을 위한 구문표현 연구」, 동국대학교 박사학위논문.

최윤곤(2007), 『한국어 구문 표현 연구』, 한국문화사.

최윤곤(2011), 「중국어권 한국어 문법의 교재 용어 분석」, 『새국어교육』89,
　　　한국국어교육학회, 577-600쪽.

최윤곤(2013), 『한국어 문장 입문』, 박이정.

최해주(2003), 「한국어 보조용언 교육 방안 연구」, 경희대학교 석사학위논문.

최해주(2006), 「한국어 교육을 위한 보조용언의 의미 범주 설정 및 그 활용
　　　방안」, 『새국어교육』74, 한국어교육학회, 125-159쪽.

최현배(1937), 『우리말본』, 정음사.

한송화(2000), 「한국어 보조용언의 상적 기능과 양태 기능, 화행적 기능에
　　　대한 연구」, 『한국어교육』11, 국제한국어교육학회, 189-209쪽.

한송화(2000), 『현대 국어 자동사 연구』, 한국문화사

한하림(2011), 「한국어 문법 교육을 위한 교수 모형의 개발 및 적용과 평가」,
　　　고려대학교 석사학위논문.

호광수(2003), 『국어 보조용언 구성 연구』, 역락.

황병순(1986), 「국어 복합동사에 대하여」, 『영남어문학』13, 영남대.

〈외국어 논저〉

戴耀晶(1997), 『現代漢語的時間系統硏究』, 浙江敎育出版社

呂叔湘(1993), 『中国文法要略』, 商务印书馆

劉月华(2005),『實用現代漢語語法』, 商務印書館

房玉清(2001),『實用漢語語法』, 北京大學出版社

謝翠鳳(2008),「現代漢語"掉"的研究」, 上海師範大學 碩士學位論文

王力(1985),『中國現代語法』, 北京商務印書館

袁金亮(2007),「'V掉了'中的'掉了'的語義特點」,『語言應用研究』6

朱德熙(2001),『現代漢語語法研究』, 北京商務印書館

陳前瑞(2003),「漢語體貌系統研究」, 華中師範大學 博士学位論文

陳前瑞(2005),「句尾'了'将来时间用法的发展」,『语言教学與研究』1

陳前瑞(2008),『漢語體貌研究的類型學視野』, 北京商務印書館

陳平(1998),「論現代漢語時間系統的三元結構」,『中國語文』6

Bernard Comrie(1995), *Aspect*, Cambridge University Press, 이철수, 박덕유 역 (1998),『동사 상의 이해』, 한신문화사.

Brown, H. D.(2002), *Teaching by Principles: An Interaction Approach to Language Pedagogy*, 권오량 외 공역(2001),『원리의 의한 교수』, Pearson Education Korea.

Brown,H.D(2001), *Principles of Language Learning and Teaching(4th Ed.)*, 이홍수 외 공역(2001),『외국어 학습 · 교수의 원리』, Pearson Education Korea.

Comrie, B.(1976), *Aspect*, Cambrige University Press.

Doughty&Williams(1998), *Focus on Form in Classroom Second Language Acquisition*, Cambrige: Cambridge University Press.

Ellis, R.(2002), *The Place of Grammar Instruction in the Second Language Curriculum*, In Hinel, E. & S. Fotos(Eds.), New Perspectives on Grammar Teaching in Second Language Classrooms, Mahwah, N.J: Lawrence Eribaum Associates Inc.

Harmer(2007), *The Practice of English Language Teaching*, London: Longman.

Lewis, M(1993), *The lexical approach*, Language Teaching Publications.

Long, M. H(1991), *Focus on form: A design feature in language teaching methodology, Edited by K. de Bot, D. Coaste, R. Cinsbery, & C. Kramsch. Foreign language research in cross-cultural perspetive,* Amsterdam: Jon Benjamins.

Long, M.(1998), *The role of the linguistic environment in secong language acquisition,* In William, C. & T. Bhatia(Eds.), Handbook of Language Acquisition, Vol.2: Second Language Acquisition. New York: Academic Press.

Nunan, D.(1999), *Second language teaching & learning,* 임병빈 외 역(2003), 『제2언어 교수 학습』, 한국문화사.

Nunan,D(2003), *Designing Task for the Communicative Classroom(16th Ed.).* Cambridge: Cambridge University Press.

Richards, Jack C. (2002), *Approaches and methods in language teaching.* 전병만 외 공역(2003), 『외국어 교육접근 방법과 교수법』, Cambridge.

Smith, Carlota(1991), *The Parameter of Aspect,* Kluwer Academic Publishers.

Swain, M.(2000), *Focus on form through conscious reflection, In Focus on Form in Classroom Second Language Acquisition,* Cambridge: Cambridge University Press.

Thornbury, S.(1999), *How to teach Grammar,* 이관규 외 역(2004), 『문법을 어떻게 가르칠 것인가』, 한국문화사.

Vanpatten, B(1993), *Input Proccessing and Second Language Acquisition: A Role for Instrution,* The Modern Language Journal 77.

Yang, Suying(1995), *The Aspectual System of Chinese,* Ph.D. Dissertation, Canada: University of Victoria.

중국인 학습자를 위한
한국어 보조용언의 교육 연구

찾아보기